»Möglicherweise gibt es noch die eine oder andere Frau, die erst den Rosenkranz beten oder den gekreuzigten Holzchristus überm Bett um Erlaubnis fragen muss, ob sie denn überhaupt daran denken darf, an was sie denkt – Sex nämlich. Aber die lesen das hier sowieso nicht. Alle anderen sollen tun, was sie wollen. Einfach tun. Und sich verflixt nochmal losmachen von Ratgebern, gutgemeinten Ratschlägen und dem Gefühl, perfekt sein zu müssen. Für die ist das hier nämlich nicht gedacht. Aber für alle anderen.«

Steffi von Wolff, geboren 1966, arbeitet als Autorin, Redakteurin, Moderatorin, Sprecherin und Übersetzerin. Sie wuchs in Hessen auf und lebt heute mit ihrem Mann in Hamburg. Ihre Bücher sind eine Frechheit – und Bestseller.

Weitere Informationen, auch zu E-Book-Ausgaben, finden Sie bei www.fischerverlage.de

Steffi von Wolff

Mundgeblasen

Die nackte Wahrheit über
echten Sex

FISCHER Taschenbuch

2. Auflage: August 2014

Originalausgabe
Erschienen bei FISCHER Taschenbuch
Frankfurt am Main, August 2014

© S. Fischer Verlag GmbH, Frankfurt am Main 2014
Satz: Dörlemann Satz, Lemförde
Druck und Bindung: CPI books GmbH, Leck
Printed in Germany
ISBN 978-3-596-19133-8

Inhalt

Vorwort 7
1. Vorspiel 11
2. Weißt du noch, damals …? Das erste Mal 19
3. Jetzt neu in unserem reichhaltigen Sortiment: Der Handlungsporno 35
4. Por No! »Ich schaue keine Pornos« … und was Pornoqueen Lena Nitro mir sonst noch zu sagen hat 61
5. Können wir Ihnen helfen? Alles über Sexhilfsmittel 71
6. Für Hobbybastler bestens geeignet: Ich hab's mir selbst gemacht! 87
7. Was darf's denn heute sein? Mal mit dem Fachmann gesprochen 93
8. Das hab ich nicht nötig! Warum Männer in den Puff gehen 113
9. Let's swing! Alles kann, nichts muss! 131
10. »Halt doch mal kurz da vorne an.« Parkplatzsex (und andere Fetische) 149
11. Darf's ein bisschen mehr sein? Kaffee und Kuchen mit der Domina Lady Saphira 161
12. Nicht unbedingt zwanglos: Besuch im SM-Club 173
13. SM für Millionen – das Phänomen »Shades of Grey« 183

14. »Und plötzlich steckte diese Möhre in meinem Schwanz«. Skurriles und so 193
15. »Darüber möchte ich eigentlich gar nicht sprechen …«. Der schlechteste Sex meines Lebens 213
16. Anzeigenannahme 237

Dank 239

Vorwort

Vor langen Jahren moderierte ich beim Hessischen Rundfunk eine Sendung, in der es drei Stunden lang nur um das Thema Sex ging. Die Sendung hieß »Trieb«, und weil wir in der kurz zuvor ins Leben gerufenen Jugendwelle hrXXL so ziemlich alles ausprobieren konnten, was wir wollten, haben wir eben auch »Trieb« ausprobiert. Da ich gleichzeitig meine eigene Redakteurin war (ich weiß gar nicht mehr, warum, wahrscheinlich hatten die Kollegen Angst vor der Sendung oder mir), konnte ich mir meine Themen schön selbst aussuchen, und ich sage an dieser Stelle: Ich habe nichts, nichts ausgelassen.

Meine Studiogäste waren Menschen, die gerade eine Geschlechtsumwandlung hinter sich hatten (der Hauptpförtner rief damals im Studio an und sagte: »Frau von Wolff, hier unne schdehd en Mann, der säscht, er wär e Fraa, den lass isch net rei, mir sin immer noch de Hessische Rundfunk, gell.« Man sah der Frau damals halt noch an, dass sie mal ein Mann gewesen war, sie/er trug Netzstrümpfe und eine Perücke mit blonden Zöpfen und sah ein bisschen so aus wie Frau Antje, die lange Zeit den Käse aus Holland brachte). Bei mir waren dominante Herren mit ihren Sklavinnen, die nicht reden durften, was ein Interview schwierig machte, eine Domina, mit der ich mich nicht so gut verstanden habe, weil ich versehentlich zu ihr sagte, sie sähe älter aus, als sie war, Schwule, die ihre sexuelle Erfüllung darin fanden, in Bundeswehruniformen durch den Wald zu rennen und Elektrokleingeräte zu zertreten, ich hatte einen Mann im Studio, der in sein Auto verliebt war, obwohl es nicht mehr ansprang, Gina Wild (plötzlich hatten alle männlichen Kollegen an diesem Sonntagabend was im Sender zu tun, und zwar bis Mitternacht!) und einen Callboy mit seiner Freundin, die es überhaupt nicht schlimm fand, dass ihr Freund mit anderen Frauen in die Kiste stieg (das hatte ja nichts mit seinen Gefühlen ihr gegenüber zu tun. Sie hat ihn so angehimmelt, dass sie es wahrscheinlich auch nicht schlimm gefunden hätte, wenn er abgetrennte Frauenköpfe in Plastiktüten gesammelt hätte, weil das ja auch nichts mit seinen Gefühlen ihr gegenüber zu tun gehabt hätte).

Es war herrlich, im Internet zu surfen (ich hatte sogar eine Sondergenehmigung vom Haus, ich durfte auf Schmuddelseiten gehen, was natürlich zur Folge hatte, dass ständig Kollegen an meinem Rechner saßen), wunderbare Zeitschriften zu bestellen und Anzeigen der Menschen zu lesen, die sexuelle Vorlieben hatten, die ich bislang nicht kannte. Es war faszinierend.

Ich habe Sachen gelesen, die ich einfach kaum glauben konnte. Oft waren in den Kleinanzeigenseiten der Hefte tatsächlich echte Festnetznummern *und* echte Fotos der Menschen abgedruckt. Damit meine ich jetzt keine unscharfen Bilder, sondern teilweise sogar Passfotos, auf denen der Mensch zu hundert Prozent zu erkennen ist. Ich weiß noch, dass ich Rat bei Thorsten Wilms gesucht habe, dem Pressesprecher bei Silwa Film (Pornos, dürfte klar sein ☺) und Chefredakteur des »Happy Weekend«, einem Kontaktmagazin. Der erklärte mir: »In der Tat wundert man sich manchmal. Aber man darf nicht vergessen, dass diese Menschen eine enorme Phantasie haben, die sie noch nicht ausleben konnten. Es macht sie auch einfach geil, sich so versaut und extrem zu präsentieren. Und viele Leser wiederum finden es heiß, so was zu lesen – ob die Inserenten und die Leser dann wirklich so tabulos sind, sei dahingestellt.«

Es waren lehrreiche Jahre. Irgendwann aber hatte ich keine Lust mehr, jeden Sonntagabend im Sender zu verbringen (im Winter war es dunkel, und ich wollte auch mal wieder »Tatort« schauen, und im Sommer saßen alle in Biergärten rum, nur ich nicht), und weil niemand sonst die Sendung moderieren wollte, haben wir sie dann abgesetzt. Schade eigentlich. Aber alles hat seine Zeit.

Letztendlich bedauerte ich am meisten, dass ich nun gar nichts mehr mit dem ganzen Kram zu tun haben sollte. Hin und wieder hab ich drüber nachgedacht, wie es wohl wäre, meine ganzen Erfahrungen von damals mal aufzuschreiben, obwohl es viele Sexbücher gibt. Sehr viele. Und ich dachte erst: Ist doch schwachsinnig, wenn du jetzt auch noch eins schreibst. Aber dann habe ich mich hingesetzt, einen Keks gegessen und mir überlegt, dass es doch ganz schön wäre, ein a) witziges, b) unterhaltsames und c) wahres Buch über Sex zu schreiben. Damit will ich nicht sagen, dass die anderen Bücher über Sex voller Lügen sind, aber ich dachte mir, ich will es anders machen. Nicht so ernst. Nicht mit erhobenem Zeigefinger. Anders eben. Mit den Studiogästen bei »Trieb« hatte ich immer Spaß, es waren nette Gespräche, und da dachte ich, wieso nicht mal da drüber schreiben? Mal gucken, was sich in all den Jahren so getan hat im Sexleben der Leute. Es sollte kein Ratgeber werden, Hilfe, nein – sondern ein wegsaufbares Buch, über dessen Inhalt man sich auch bei zwölf Flaschen Bier in der Kneipe unterhalten kann.

Also habe ich wieder angefangen zu recherchieren. Ich habe lange recherchiert und gründlich. Keine Ahnung, mit wie vielen Leuten ich persönlich gesprochen, telefoniert oder gechattet oder gemailt habe, aber es waren sehr viele. Mittlerweile gibt's ja auch im Internet nichts mehr, was es nicht gibt. Ich habe viele interessante Sachen gefunden, viele Interviews geführt, viel dabei getrunken, viel gelesen, viel erfahren und mir viele Notizen gemacht. Ich habe im Swingerclub Schnittchen gegessen und bin auf Knien mit meinem Aufnahmegerät durch eine Kriechhöhle gerutscht, ich habe mich im Puff über Bodenbeläge gewundert und habe mich auf Parkplätzen herumgetrieben. Ich habe mit Leuten über ihr erstes Mal und über ihre schlimmsten Sexerlebnisse gesprochen. Ich habe Dildos und Fickfäuste und Butt-Plugs unter die Lupe genommen und noch viel mehr – aber wenn ich das jetzt alles aufzähle, lohnt es sich ja nicht mehr, das Buch zu lesen. Zwischen all diesen unverfänglichen Gesprächen ging es natürlich auch ans interessante Eingemachte. Und das habe ich nun aufgeschrieben.

1. Vorspiel

Internetfund des Tages:
Das von den Frauen so beliebte Vorspiel beim Sex ist unsinnig.
Ich hupe ja auch nicht eine Viertelstunde vor der Garage, bevor ich reinfahre.

Mit dem Vorspiel ist es so eine Sache. Mit der beginnenden Pubertät fangen wir an, uns für Sex zu interessieren, und das täglich ein kleines bisschen mehr. Die Zeiten, als Doktor Sommer aus der »Bravo« unser einziger Verbündeter war, sind lange vorbei. Heute gibt es viele Medien, die uns erklären, wie richtig guter Sex funktioniert, und so alle Antworten auf die brennenden Fragen enthalten.

Nehmen wir das Vorspiel. Zu gutem Sex gehört ein Vorspiel, so die Mär. Das Vorspiel ist ein ständiger Begleiter desjenigen, der noch nie Sex hatte, aber annimmt, dass das Vorspiel unbedingt dazugehört. Aber: Was *ist* denn das Vorspiel? Ich wollte es wissen und habe mich auf die Suche gemacht. Da gibt es im Internet unter anderem diese Erklärung: *Das »Vorspiel« sind alle sexuellen Handlungen, die vor dem Geschlechtsverkehr stattfinden. Der Ausdruck »Vorspiel« ist etwas verwirrend. Es deutet an, dass nur der Geschlechtsverkehr das »richtige Spiel« ist, während jede andere sexuelle Handlung eher ein Appetitanreger ist. Dieser etwas altmodische Begriff stammt aus einer Zeit, in der man Fortpflanzung als einzigen Zweck des Sex sah.*

Gut. Mir erschließt sich der letzte Satz nur nicht ganz. Wenn die Fortpflanzung der einzige Zweck beim Sex war, warum brauchte man dann überhaupt ein Vorspiel? Man hätte sich doch gleich fortpflanzen und auf das Vorspiel verzichten können, oder?

Auch gefunden: *Das Vorspiel ist ein Einstimmen auf den Geschlechtsverkehr, bei dem Zärtlichkeiten durch Streicheln, Küssen und Stimulieren der erogenen Zonen ausgetauscht werden. Da bei Frauen die Erregungskurve langsamer ansteigt, ist es für sie besonders wichtig.*

Warum wird eigentlich die Frau meistens so hingestellt, als wäre sie zu blöde, um zu merken, dass sie Lust auf Sex hat? Warum braucht ausgerechnet die *Frau* dieses Vorspiel? Und wo bitte schön ist es bewiesen, dass die Erregungskurve bei der Frau langsamer ansteigt? Ich kenne wirklich viele Frauen, aber keine von meinen Freundinnen hat jemals gesagt: »Du, bei mir steigt die Erregungskurve langsam an, deswegen brauche ich ein Vorspiel.« So haben sie es zumindest erklärt. Eine sagte: »Man sollte doch meinen, dass eine Frau heutzutage so viele Wörter kennt, um den Satz: ›Ich möchte jetzt Sex haben‹ fehlerfrei auszusprechen.« Und wenn sie diesen Satz gesagt hat, möchte sie vielleicht nicht noch warten, bis die Erregungskurve langsam ansteigt, was möglicherweise daran liegt, dass sie die ganze Zeit schon geil ist wie Nachbars Lumpi. Es ist nämlich ein Irrglaube anzunehmen, dass Frauen grundsätzlich erobert werden wollen, während sie reglos wie ein Nachtschattengewächs auf der Matratze liegen und abwarten, dass der Mann damit anfängt. Nein! Die stehen genau so auf Quickies, One-Night-Stands und eine schnelle 69er-Nummer zwischendurch wie die Männer. Und die Frau, die mit einem Mann im Bett liegt und sagt: »Wir müssen noch warten, die Erregungskurve ist noch nicht hoch genug; aber wir könnten Memory spielen, bis es so weit ist«, soll mir bitte mal einer zeigen.

An dieser Stelle verweise ich als Sammlerin von antiquarischen Büchern der 1950er Jahre auf das Werk »Das Intimste der Liebe und Erotik« von Dr. Rolf Rother (mir liegt die 9. Auflage aus dem Jahr 1951 vor.) Dr. Rother empfiehlt den Zungenkuss als Vorspiel: »[…] der Mann führt nun seine Zunge in die Mundhöhle der Frau ein. Dort berührt er vor allem die Zungenspitze seiner Frau, aber auch die übrigen Partien der Mundhöhle. Er erreicht so einen starken Anreiz bei ihr, der vorzüglich geeignet ist, das Liebesvorspiel in das Liebesspiel überzuleiten […] die ganzen Mundpartien nun hängen schon ihrer Lage nach eng mit den Kehlkopfpartien zusammen, so dass über die Schleimhäute der Mundhöhle beim Zungenkuss in der Regel eine starke Reizwirkung entsteht […]«

Wer also drei Jahre Zeit hat, kann die Rother-Variante anwenden oder am besten gleich einschlafen.

Rother merkt übrigens auch an, dass es mit dem Zungenkuss nicht so weit gehen darf, wie das die perversen Leute in Frankreich machen. Dort nämlich wird häufig die sexuelle Befriedigung nur durch den »Körperzungenkuss« erreicht. Laut Rother geht das gar nicht. Da machen die einfach Oralverkehr! Und er regt sich darüber auf, dass der eine oder andere dann auch noch kommen könnte! Diese Art von Zungenkuss – oder Körperzungenkuss – muss er ablehnen, weil er unbedingt auf dem Standpunkt steht, dass letzten Endes beim Verkehr die beiden Geschlechtsorgane in direkte Beziehung zueinander gebracht werden müssen.

Falls Sie jetzt denken sollten: Was ist das denn für ein komischer Typ?, dann darf ich Ihnen mitteilen, dass das über 165 Seiten so geht. Wenn man die durch hat, will man wahrscheinlich kein Vorspiel und auch keinen Sex mehr.

Aber zurück in die Gegenwart: Wenn man im Internet danach sucht, wie viele Frauen *kein* Vorspiel brauchen, wird man in der Tat schnell fündig. Charlotte Roche (die das Buch »Feuchtgebiete« geschrieben hat, das durch die Decke ging wie eine Rakete, unter anderem, weil eine Analfissur thematisiert wurde), sagt in einem Interview mit »Neon«: »Eine Frau muss vor dem Sex nicht erst mit Rosenblättern bestreut werden. Die alte Rollenverteilung ist ungesund.« Und: »Frauen tun sich keinen Gefallen, wenn sie in Sachen Liebe und Partnerschaft in Klischees denken.«

Auch im Forum von www.elitepartner.de wurde das thematisiert. Ein paar Aussagen von Usern:

- »Ich verstehe es auch nicht, warum man allen Frauen einredet, ein Vorspiel zu benötigen. Wenn ich Lust habe, muss ich nicht noch lange rumdoktern.«
- »Also, ich genieße den Sex, wie er ist. Das Wort Vorspiel ist eher irreführend! Entweder wir haben Lust, uns vorher ausführlich miteinander zu befassen, oder auch hinterher, oder eben nicht! Und genau so soll es sein! Also es geht durchaus auch ohne!«
- »Ein Vorspiel braucht es nur da, wo zwei sich nicht begehren ... Doch wenn das der Fall ist, dann kommt da eh kein guter Sex dabei heraus, auch wenn sich beide noch so anstrengen und verrenken. Wenn Du Hunger hast und essen willst, dann trinkst Du ja auch nicht noch extra vorher einen Enziantee, weil das den Appetit anregt ...«

Auf www.jolie.de gefunden: »Ich persönlich mag Sex eher etwas unromantischer. Überwiegend steh ich auf ›dreckig‹, aber das ist ja weit gefächert. Ich kann mit stundenlangem Vorspiel nix anfangen oder mit Verführungsküssen im Nacken. Zack Bumm Päng und ab geht die Luzi und so hat jeder seine Vorlieben.«

Noch eine interessante Aussage: »Das Vorspiel – ich habe nie so richtig verstanden, warum es dieses Wort überhaupt gibt. Sexspiele schätze ich sehr. Warum soll da vorher noch was laufen, um mir das Spiel als solches erst mal schmackhaft zu machen? Denn wenn ich Lust habe auf Sex, dann will ich ihn sofort. Das ist doch gerade das Charakteristikum der Lust – dass sie einen überfällt, dass man überhaupt nichts dagegen machen kann, dass man die Beherrschung verliert. Ich kann mir zwar ein wildes Vorspiel ausmalen, wo sich die Menschen gegenseitig Champagner in den Bauchnabel gießen und wieder abschlecken. Nette Rituale, aber sie verzögern den eigentlichen Akt. Und um den geht es mir. Die animalische Variante ist für mich der Inbegriff von Sex. Habe ich Lust, fehlt mir einfach die Geduld, auf der Tastatur meines Körpers spielen zu lassen. Die ist dann nämlich schon längst gestimmt.«

Natürlich gibt es noch die eine oder andere Frau, die erst den Rosenkranz beten oder den gekreuzigten Holzchristus, der überm Bett hängt, um Erlaubnis fragen muss, ob sie denn überhaupt daran denken darf, an was sie denkt. Es gibt nun mal rückständige Kulturen, und die wird es immer geben, es sei denn, ein Gesetz wird eingeführt, das den Leuten befiehlt, über Sex so zu reden wie über die Herstellung eines Käsekuchens. Das wird aber noch dauern.

Klar, die Generationen sind unterschiedlich, und unsere Mütter und Großmütter haben Sex damals ganz anders erlebt als wir heute. Er sollte lediglich der Fortpflanzung dienen, und Lust war grundsätzlich tabu. Andererseits: Sieht man sich die Höhlenmalereien und Reliefs aus dem Altertum an, kann man da ebenfalls lange nach einem Vorspiel suchen. Da ist Gruppensex an der Tagesordnung, da wird geblasen, während man gleichzeitig von hinten gevögelt wird. Vor zwei-

und dreitausend Jahren ging es heftig zur Sache, ob in Ägypten, Griechenland oder Italien – dort galt ein erigierter Penis als Glücksbringer, und deswegen wurde er auch nicht zweideutig gemalt oder in Stein gemeißelt, sondern absolut eindeutig. In Athen wurde während der Dionysos-Feier – das ist der Gott der Ekstase – unter anderem ein großer erigierter Penis durch die Straßen getragen, und zwar von Priesterinnen. Und auch die Ägypter waren nicht gerade spießig. Die Mär sagt, dass ihr erster Gott, nämlich Amun, masturbiert habe, um die Schöpfung in Gang zu bringen.

Nein, unsere Vorfahren hatten offensichtlich ganz andere Vorstellungen, und die hatten in den allerwenigsten Fällen mit dem Vorspiel zu tun. Da galt: Hauptsache Sex! Sex gehörte dazu, Sex wurde praktiziert, und darüber wurde auch gesprochen, aber nicht hinter vorgehaltener Hand. Es gab auch keine Bezeichnungen wie Homo- oder Heterosexualität, keine Klassifizierung. Nur der Akt an sich war wichtig; es war ganz egal, wen man im Bett hatte. Eigentlich eine klare Sache, sollte man meinen. Aber im Lauf der Jahre hat sich das dann doch wieder verändert.

Egal, ob in Italien, Griechenland oder sonst wo, der Mann hatte das Sagen, die Frau saß meist zu Hause, er aber konnte losziehen und rumvögeln, bis er müde war. Die sehr klaren und detailliert gehaltenen Sexstellungen zeigten übrigens auch eine Art Klassensystem der Frauen, mit denen man Sex hatte. Mit der eigenen ging man ins Bett, damit sie Kinder bekam. Dann gab es die sogenannten *Hetären*, eher gebildete Frauen, die waren so was wie eine Mätresse oder Geliebte, und es gab die Konkubinen, die man für den »täglichen Gebrauch« hatte. Die Hetäre sieht man auf den Malereien und den Reliefs meistens vis-à-vis zum Mann abgebildet, sie beide schauen sich beim Geschlechtsverkehr also an, die »gemeine« Konkubine wird dagegen ganz cool und ohne Gefühl von hinten genommen. Und es war wohl nicht so, dass beide gleichberechtigt waren, was die Befriedigung betrifft, nein, nein, sie musste sich in teils akrobatischen Stellungen auf ihn draufhocken, bloß damit er Abwechslung hatte. Und wenn man sich diese Bilder mit den ganzen Verrenkungen so anschaut, nach Lust bei ihr sieht das nicht wirklich aus.

Damit will ich jetzt nicht sagen, dass die Frauen vom Sex nichts hatten, das weiß ja heute keiner mehr, ich zitiere nur die Fakten.

Insgesamt darf man aber davon ausgehen, dass alles viel, viel freizügiger und offener war. Damals gab es eben noch keine katholische Kirche, keine Priester, die mit erhobenem Zeigefinger herumliefen und sich durch Machtdemonstration die Bevölkerung untertan machten, um den siebentausendsten goldenen Kelch mit Rubinen zu bekleben.

Sex gab es, er wurde praktiziert, und dadurch, dass man so offen damit umging, war er *normal*. Es wurde kein Gewese drum gemacht wie heute um so vieles. Ich nehme jetzt einfach mal an: Die haben es getan. Einfach so. Die haben sich keine Gedanken gemacht über das, was sie tun, weil das gar nicht nötig war.

Möglicherweise werden die auch ein Vorspiel gehabt haben, und natürlich soll man auch heute ein Vorspiel praktizieren, wenn man Lust drauf hat. Aber man soll nicht grundsätzlich davon ausgehen, dass Frauen *immer* ein Vorspiel wollen und *brauchen*. Bestimmt wollen sie es hin und wieder, der Mann möglicherweise auch, aber nicht, weil sie sonst nicht in Stimmung kommen, sondern weil sie es gut finden. Denn es gibt Menschen, die schneller erregt sind, und welche, bei denen es länger dauert. Es gibt frigide Frauen und impotente Männer, ganz klar. Aber nie darf man alles über einen Kamm scheren.

2. Weißt du noch, damals …?
Das erste Mal

Internetfund des Tages:
Also mein erstes Mal ist »einfach so« passiert. Mein Freund und ich fuhren im Auto, und wir bekamen beide Lust aufeinander.

»Freilich soll der Mann eine gewisse praktische Erfahrung mit in die Ehe bringen, denn er soll ja Lehrmeister seiner jungen Frau sein. Aber bei ihr soll sich die Erfahrung auf sexuellem Gebiet lediglich auf das Theoretische erstrecken […]« Hätten wir nur mal auf den guten Dr. Rother gehört – vieles wäre uns erspart geblieben. Aber so gehört das erste Mal für viele zu den unvergesslichen Erlebnissen, über die man sich erst Jahre später auszutauschen getraut – dann aber ohne Hemmungen.

In einem sehr bekannten sozialen Netzwerk habe ich viele Bekannte wiedergetroffen, unter anderem zwei Klassenkameraden, die das erste Mal gemeinsam Anfang der 1980er Jahre erlebt hatten und die sich nun von mir dazu haben interviewen lassen. Ich erinnere mich noch daran, dass wir anderen das damals irgendwie mitbekommen hatten, obwohl natürlich niemand von uns dabei war. Und ich weiß noch, dass Ina und Martin zu uns anderen unglaublich hochnäsig waren, wahrscheinlich weil sie wussten, dass sie uns meilenweit voraus waren. Was allerdings erst jetzt herauskam: Die beiden haben völlig unterschiedliche Erinnerungen an ihren ersten Sex.

Martin erzählt:
Sie hieß Ina und war sechzehn Jahre alt, genau wie ich. Wir waren auf Klassenfahrt, und es war ganz schön warm. Die Mädchen und Jungen haben natürlich getrennt geschlafen, aber geschlafen haben wir natürlich nicht, niemand von uns. Ich habe mich dann mit Ina davongeschlichen, und wir sind in den Wald gegangen. Der Mond schien, und es war wahnsinnig romantisch. Auf einer kleinen Wiese hatten wir dann Sex. Es war unglaublich schön, so schön war es später nie wieder. Ich kam dreizehn Mal hintereinander, und Ina fand es auch toll. Sie sagte zu mir, dass sie noch nie so empfunden hat. Sie kam noch häufiger als ich. Das war unser erstes Mal. Es war so unvergleichlich wundervoll. Kürzlich habe ich Ina auf einem Schultreffen wiedergesehen. Sie hat mich gleich wiedererkannt und mir ganz lieb zugezwinkert. Mit Sicherheit hat sie an unser tolles Erlebnis gedacht und war total traurig, weil es seitdem nie wieder so war.

Und jetzt erzählt Ina:
Er hieß Martin und war sechzehn Jahre alt, genau wie ich. Er war in meiner Parallelklasse, und wir waren gemeinsam auf Klassenfahrt im Odenwald. Schlimmer ging's kaum. Die Jugendherberge war total dreckig, die Lehrer haben genervt. Irgendwann sind ein paar von uns nachts abgehauen. Martin war auch dabei. Auf einer total nassen Wiese haben wir rumgeknutscht, es war neblig und kühl, und dann haben wir es getan. Also – wir haben es versucht. Aber Martin ist nach einer Sekunde gekommen und war dann total schlapp. Ich hab gar nichts empfunden. Mein erstes Mal kann man total vergessen. Alles war schmutzig, ich war verklebt, was auch an diesem widerlichen Zeug

lag, ich glaube, das hieß Patentex Oval. So Zäpfchen zur Verhütung, die hatte ich mir vor der Klassenfahrt in der Apotheke besorgt. Ich dachte damals: ›Man weiß ja nie.‹ Blöd war ich. Letztens habe ich Martin wiedergesehen. Ich hab so getan, als hätte ich was im Auge und würde ihn nicht erkennen. Nie wieder habe ich so schlechten Sex gehabt.

Sie sehen: Das erste Mal erlebt jeder anders, und das ist auch gut so, denn sonst hätte man im Nachhinein nicht mehr so viel zu lachen!

Das *erste Mal* ist meist gar nicht das *erste* Mal. Das erste Mal haben wir schon hundertmal *vor* dem ersten Mal erlebt – in Erzählungen der besten Freundin, in einschlägigen Fachmagazinen oder schlicht in der eigenen Phantasie. Und das können Schreckensszenarien sein: vor Angst schlotternd auf der Bettkante zu sitzen und nicht zu wissen, was wir tun sollen. Aber zum Glück gibt es auch Menschen, die das erste Mal als ganz toll empfunden haben – wenn auch leider eher wenige.

Ich fragte ungefähr 30 Menschen, die aus verschiedenen Städten kommen, unterschiedlich alt sind und nichts miteinander zu tun haben und sich somit auch vorher nicht absprechen konnten, und bei denen war das erste Mal bis auf zwei Ausnahmen nicht sooo toll. Heute erinnern sich natürlich alle gern und lachen, aber damals war es teilweise der reinste Horror!

Ich mag die Geschichte, die mir Evelyn, meine alte Klassenkameradin, über unsere ehemalige Klassenkameradin Babs erzählte. Babs hatte uns damals lang und breit von ihrem tollen ersten Mal berichtet. Babs sah super aus. Blonde Naturlocken. Eine Figuuuuur! Nach ihrem ersten Mal, das sie damals wochenlang angekündigt hatte, stand sie mit einem Wurstbrötchen und wissendem Blick während der großen Pause auf dem Schulhof und erzählte uns, die wir dastanden wie ihre Untergebenen, mit leiser Stimme von ihrem ersten Mal. Nein, es sei überhaupt nicht schlimm gewesen und überhaupt, sie würde ja die Pille nehmen, und der Jürgen hätte seine Sache gut gemacht. Das wäre alles wie Pizzaessen. Wir haben gehofft. Und wir haben Babs so unglaublich bewundert! Jahre später hat dann Evelyn Babs wieder getroffen. Auf einer Demonstration für Frauenrechte. Evelyn hatte sich verlaufen, und so traf sie auf eine verhärmte, achselbehaarte Babs mit hartem Blick und unvorteilhafter Kurzhaarfrisur. Auf ihre Frage hin, wie es ihr denn so gehe, bekam Evelyn von Babs wütend zur Antwort, dass sie jetzt eine Lesbe sei und Evelyn nicht so blöde Fragen stellen sollte.

»Weißt du, warum sie lesbisch geworden ist?«, wollte ich natürlich wissen, und Evelyn wusste zu berichten, dass das Erlebnis von Babs' erstem Mal schuld daran sei.

»Es war schrecklich, und sie ist nie darüber hinweggekommen«, erklärte Evelyn.

»Erzähl!«

Was war passiert? Nun, um ehrlich zu sein: nichts. Babs und Jürgen haben wohl alles versucht, um das mit dem ersten Mal hinzukriegen, aber Jürgen hat wohl keinen hochgekriegt. Dann hat er Babs fertiggemacht und gesagt, sie sei eine frigide Tusse und habe das mit dem Sex ja wohl gar nicht drauf und außerdem seien ihre Titten nicht groß genug und geil machen würde sie ihn auch nicht, woraufhin Babs heulend mit dem Fahrrad nach Hause gefahren ist.

»Nein«, sagte ich fassungslos.

»Doch«, zischte Evelyn, und da war so ein kleiner hämischer Unterton in ihrer Stimme zu hören.

Glücklicherweise bin ich während meiner Recherche auch auf Menschen gestoßen, die das zumindest ein wenig besser hingekriegt haben. Das waren teils interessante, wenn auch überwiegend sehr chaotische Geschichten – es passierten Pannen, peinliche Dinge und vieles mehr. Hier einige Auszüge aus den Erlebnissen – so sollte man es besser nicht machen:

Auf einem Hochsitz

Caroline und André erlebten ihr erstes Mal auf einem Hochsitz im Wald. »Es war ein ziemlich abgelegener Platz, den wir zufällig gefunden hatten. Es war Sommer, ein heißer Tag, und wir hatten seit Wochen alles »dafür« dabei, weil wir eigentlich ständig auf der Suche waren. Zu Hause bei uns ging das nicht, es hätte keine zwei Sekunden gedauert, und meine Mutter hätte in der Tür gestanden. Und da war nun dieser Hochsitz, und er war auch noch geschlossen, hatte also Wände und eine Tür. André war hochgeklettert und stellte fest, dass sie offen war. Also nichts wie rein, Patentex oval rausgeholt und das Päckchen mit den Kondomen. Keiner von uns wusste vorher, wie man ein Kondom aus der Packung rollt, und wir hatten nur drei. Zwei gingen kaputt, dann hatten wir schreckliche Angst, dass uns das beim dritten auch passieren könnte, und wir haben geschlottert vor Aufregung, was zur Folge hatte, dass die Geilheit in den Hintergrund trat. Also musste Andrés Ding erst mal wieder groß werden. Ich hatte mal irgendwo was davon gelesen, dass Männer es gut finden, wenn man ihn in den Mund nimmt, also habe ich das gemacht, und er wurde dann halbwegs hart. Aber André war sauer, weil er dachte, ich hätte das mit dem Blasen vorher schon mal gemacht, was aber nicht stimmte. Jedenfalls habe ich dann dieses furchtbare

Scheidenzäpfchen eingeführt, und wir mussten noch eine Viertelstunde warten, und jetzt hatte André Angst, vorher zu spritzen. Und wir hatten vergessen, auf die Uhr zu schauen wegen der Viertelstunde. Aber dann haben wir es letztendlich versucht. Ich legte mich auf den Rücken auf dieser schrecklich harten Sitzbank, und André rutschte auf mir rum und suchte den Eingang. Ich musste ihm helfen. Plötzlich war er drin, und es tat auf einmal total weh. Aber komischerweise nicht nur zwischen meinen Beinen, sondern auch an beiden Pobacken. Es hat so scheiße weh getan, dass ich André von mir runtergeschubst habe. Es stellte sich raus, dass ich mich auf zwei Wespen gesetzt hatte. Ich fing an zu heulen. Und dann stand André auf und stolperte, und dann sahen wir der Leiter zu, die nur lose befestigt war und nach hinten kippte. Sie fiel auf den Boden, und nun saßen wir in diesem scheiß Hochsitz und haben beide angefangen zu heulen. Und das Patentex Oval brannte so schrecklich. Wir saßen bis zum nächsten Tag da, und es wurde trotz Sommer abends ganz schön kalt. Wir hatten weder Jacken noch was zu essen noch zu trinken. Ich werde das nie vergessen. An diesem nächsten Tag hatte ich eigentlich die Hochzeit von Lady Di und Prinz Charles schauen wollen. Es war der 29. Juli 1981. Seitdem muss ich immer, wenn ich ein Foto von Diana sehe, an dieses erste Mal denken. Also eigentlich ständig. Zu André habe ich keinen Kontakt mehr. Ich hab nur gehört, dass er verheiratet ist und fünf Kinder hat. Also hat irgendeine Frau es wohl besser hingekriegt als ich …

André habe ich auch gefunden und angeschrieben, aber er hat nicht geantwortet. Auch nicht, nachdem ich ihm andeutete, ich wüsste, wessen Schwanz Caro vor seinem und so weiter …

Aber es kam nichts. Vielleicht hat es ihn einfach nicht interessiert.

Kommen wir zu Gregor und Sabine. Sie waren 16, es war Winter, und Gregors Eltern waren über Nacht bei Freunden. Beste Gelegenheit also: Sabine nahm vorsorglich schon die Pille, was wir alle bewundert hatten.

Im Bett der Eltern
»Es war Marvelon«, erinnert sich Sabine. »Ich war wahnsinnig stolz. Die Pille nehmen zu dürfen war noch viel besser, als die Haare mit Henna zu färben. Und an diesem Freitagabend also waren wir bei Gregor daheim. Er selbst hatte nur ein schmales Bett, deswegen haben wir bei Pistazientee und dem Soundtrack von Bilitis beschlossen, ins Schlafzimmer seiner Eltern zu gehen. Was soll ich sagen? Nein, die Eltern sind nicht nach Hause gekommen, das wäre viel zu einfach gewesen. Weil man ja naturgemäß beim ersten Mal blutet und wir schlicht vergessen hatten, ein Handtuch zu nehmen, war die ganze Matratze letztendlich versaut. Die Sache selbst hatte noch nicht mal zwei Minuten gedauert. War es schön? Ich weiß es nicht mehr. Alle Gedanken wurden rückwirkend ausgelöscht, nachdem ich auf das Bett schaute, auf dem es aussah, als hätte Charles Manson sich darauf ausgetobt. Gregor sagte dauernd nur: ›Meine Eltern kommen morgen Vormittag zurück, meine Eltern, meine Eltern.‹
Es war entsetzlich. Wir haben das Bett abgezogen, ich habe literweise Wasser auf die Flecken gekippt, so lange, bis es unten wieder rauskam und auf den Teppichboden tropfte. Ich holte den Fön, das Kabel war zu kurz, wir fanden kein Verlängerungskabel, der Eimer mit dem Wasser kippte um

*und auf den Fön, wir waren froh, dass wir kein Verlängerungskabel hatten, wir zogen die Betten ab und rasten zur Waschmaschine, die keiner von uns beiden bedienen konnte, wir nahmen zu viel Waschpulver und stellten 95° ein, die karierte Bettwäsche war dann ausgebleicht, und ein Kolibri hätte sie als Kopftuch tragen können, und eigentlich machten wir alles nur noch viel schlimmer.
Ich konnte dann nach Hause gehen, aber der arme Gregor musste bleiben, weil der Vater auch noch Geburtstag hatte. Ich saß zu Hause und wartete auf den Anruf, in dem Gregor mir sagen würde, wo wir uns treffen, um uns gemeinsam umzubringen, und er rief auch an. Seine Eltern hatten keinen Ton gesagt. Nicht einen. Bis heute nicht. Auch nicht nach unserer Hochzeit.«*
»Wir waren lange Jahre traumatisiert«, erzählt Gregor. »Zwischendurch waren wir auch getrennt, aber mit 25 kamen wir wieder zusammen und hatten auch bald eine gemeinsame Wohnung. Das Erste, was wir uns gekauft haben, waren Schonbezüge für die Matratzen.«

Das hat mir Matthias erzählt. Er machte es kurz:

In einem VW-Käfer
Sybille und ich sind mit dem Käfer auf einen abgelegenen Parkplatz gefahren. Sie hatte in irgendeiner Zeitschrift gelesen, dass die Schlaufen, die man als Haltegriffe benutzen konnte, bestens dafür geeignet waren, die Füße reinzustecken. So hat sie es auch gemacht. Nach ewigem Hin und Her haben wir dann angefangen und es auch geschafft, dass er endlich drin war. Wir waren mitten dabei, als es ans Fenster klopfte. Zwei Pilzsammler fragten, ob sie uns helfen konnten. Wir waren so durcheinander, dass wir uns

total verrenkt haben. Sybille hat die Füße nicht aus den Schlaufen bekommen, ich hab mit dem Arsch auf dem Schaltknüppel gehockt, was ziemlich kurios ausgesehen haben muss. Die Pilzsammler standen draußen und haben gelacht. Super war das. Ich hab Sybille letztens auf einem Klassentreffen wiedergesehen, und wir haben total gelacht.

Manu aus der Parallelklasse erinnert sich:

In einem Heizungskeller, egal, in welchem
Es war der Heizungskeller in der Jugendherberge, ich glaube, es war im Spessart. Da war ich mit Armin, und dauernd ging so ein Boiler an und machte gruselige Geräusche. Wir hatten uns schon ausgezogen und lagen auf einer Decke. Ich hatte die Augen zu und hoffte, dass es bald vorbei wäre. Armin hatte aber vorher schon mal Sex gehabt und wusste, wie es ging. Ich fand es gar nicht schlecht, und total schön fand ich es, dass er dabei an meinem Hals knabberte. Als ich die Augen aufmachte, habe ich aber feststellen müssen, dass es gar nicht Armin war, der geknabbert hatte, sondern eine ziemlich große Ratte, die offenbar Menschen gegenüber relativ angstfrei war. Ich dachte, ich sterbe auf der Stelle. Zum Glück hat niemand mein Gekreische gehört!

Im Schlafwagen eines ICE
Wir hatten so ein Deutschlandticket. Boris und ich saßen im Nachtzug nach Rom oder Paris, ich weiß es nicht mehr genau. Aber ich weiß noch, dass wir schon auf dem Bahnsteig total nervös waren, denn wir hatten uns fest vorgenommen, ES während dieser Fahrt zu tun. Wir hatten viele Premieren: Wir sind beide zum ersten Mal beim Petting

zum Orgasmus gekommen, wir hatten zusammen Verhütungsmittel besorgt, wir hatten sogar an Dr. Sommer von der »Bravo« geschrieben und die Antwort erhalten, dass wir es langsam und zärtlich angehen sollten, damit das erste Mal ein unglaublich wundervolles und einschneidendes und nie zu vergessendes und was weiß ich nicht noch alles Erlebnis würde, und wir haben lange Gespräche geführt und konnten es kaum erwarten. Das Problem war nur, dass ich ein Zimmer mit meiner Schwester zusammen hatte und Boris ein Zimmer mit seinem Bruder teilte, da war es etwas schwierig mit der Durchführung des Akts. Also kamen wir auf die glorreiche Idee, gemeinsam (wir waren damals 17) in den Sommerferien quer durch Europa zu reisen. Damals haben das ganz viele gemacht, und wir waren eine große Gruppe, 12 Personen oder so. Die Eltern haben es tatsächlich erlaubt, warum, weiß ich nicht mehr. Ich glaube, weil wir behauptet hatten, da stecke ein Bildungsauftrag hinter. Jedenfalls saßen wir in diesem Zug Richtung Rom oder Paris, hatten ein gemeinsames Abteil (wir hatten uns natürlich von der Gruppe getrennt) und warteten, bis der Schaffner zum letzten Mal vorbeikam. Und dann taten wir es. Es war okay. Ich hörte nicht die Engel singen oder so, aber ich hatte schon andere Geschichten gehört. Was toll war: Es dauerte sehr lange, wir knutschten zwischendurch rum, machten eine Pause, machten weiter, und der Zug ruckelte, blieb an Haltestellen stehen, fuhr weiter und lullte uns dann irgendwann in den Schlaf. Irgendwann sind wir aufgewacht, und der Zug stand. Es war immer noch dunkel. Wir schauten aus dem Fenster und dachten, dass hier irgendwas nicht stimmen konnte, denn wir sahen mehrere einsame Abteilwagen da stehen, und die Umgebung sah nicht nach Paris oder Rom

aus. Und dann kam das Furchtbarste: Wir stellten fest, dass wir alleine im Zug waren. Der Waggon war abgekoppelt worden! Jeder hatte so eine Geschichte ja schon mal gehört, niemandem war es wirklich passiert, es war so eine von den Geschichten, bei denen man jemanden kannte, der jemanden kannte, aber uns war es nun tatsächlich passiert! Wir waren total verwirrt, versuchten, aus dem Zug zu kommen, aber die Türen gingen nicht auf, die Fenster auch nicht. Wir waren verzweifelt. Niemand hörte unser Rufen. Ich lüge jetzt nicht, wenn ich erzähle, dass wir zwei Tage in diesem Zugabteil gehockt haben, das wenigstens ein Klo hatte, aber leider kein Bordrestaurant. Dann kam eine Putzkolonne und hat uns befreit. Meine Güte. Ich erzähle diese Geschichte heute noch. Natürlich übertreibe ich von Mal zu Mal mehr. Wir standen nicht mehr auf einem Güterbahnhof vor Paris, sondern in Nowosibirsk, mussten uns mit verirrten Scharfschützen und hungrigen Wölfen auseinandersetzen, und das nur, weil wir miteinander schlafen wollten und auf keinen Bahnsteig und keine Ansage und keine Zugnummer geachtet hatten. Ich liebe den Satz: ›Mein erstes Mal, o ja, ich erinnere mich noch gut daran. Vermummte Gregors und Rasputins wollten unsere D-Mark in Rubel tauschen, jedenfalls haben sie das behauptet, während ausgemergelte Wölfe heulten und wir im Schneegestöber flüchten mussten. Da kam dann dieses Schloss, aber an der Zugbrücke hingen lauter Knoblauchstauden. Und dann dieser Mann mit den vorstehenden Schneidezähnen. Es war sehr ... merkwürdig.‹
Boris und ich blieben ein halbes Jahr oder so zusammen. Nach dem Abi verloren wir uns aus den Augen, wie das ja so oft passiert. Aber vor ein paar Jahren habe ich ihn zufällig wiedergetroffen – in einem Zug. Wir haben uns gut

unterhalten und natürlich über damals gesprochen. Es waren nette Stunden.

Und hier noch ein paar Orte, die vielleicht auf den ersten Blick sehr reizvoll, beim näheren Betrachten und/oder Pech äußerst ungünstig für den ersten Sex sind:

So?	Oder doch nicht?
auf einem Schreibtisch im Büro oder sonst wo auf einem Schreibtisch	Was macht ihr, wenn die Putztruppe aus Namibia wütend vor euch steht, weil sie um diese Zeit eigentlich von eurer Durchwahl aus ihre Verwandten zu Hause anrufen möchte?
im Fahrstuhl	Ihr wisst nie, wann es weitergeht. Einen Coitus interruptus werdet ihr noch oft genug in eurem Leben haben, aber bitte nicht ausgerechnet beim ersten Mal!
ganz romantisch auf dem Heuboden oder auf einer Wiese	Ja, sehr romantisch, wenn die winzigen Heufasern in jede Körperöffnung wandern, jucken und stechen, von dem Staub, den man dabei aufwirbelt, mal ganz abgesehen. Wiese? Schon mal davon gehört, dass der Urin von Ameisen säurehaltig ist? Dass noch nach Stunden welche an uns hochkrabbeln? Dass das juckt, als würde man mit Kakteen gepeitscht? Schon mal was davon gehört, dass es Spaziergänger gibt? Hunde? Wollt ihr, dass aus dem Nichts ein Kampfhund ohne Maulkorb vor euch steht, dem einfällt, dass sein Magen knurrt?
Umkleidekabine im Freibad	Da gibt es eigentlich nur das Wort »Pilzinfektion« zu sagen.

So?	Oder doch nicht?
Umkleidekabine in der Boutique	Schon mal was von Vorhängen gehört, die nicht bis auf den Boden reichen und sowieso an den Seiten *immer* zu kurz sind? Schon mal was von Verkäuferinnen gehört, die *immer* ankommen, den Vorhang wegreißen und sagen: »Soll ich eine Nummer größer holen?«
menschenleere U-Bahn-Station	Der Tag des Mannes, der hinter der Überwachungskamera sitzt, ist gerettet!
Untersuchungsstuhl beim Zahnarzt	Da ist der Ersatzbohrer gleich zur Stelle, hahaha!

Es gibt übrigens auch nette Geschichten von den Leuten, die das erste Mal sehr gern erlebt hätten, bei denen es aber leider Ewigkeiten nicht dazu kam, weil es verhindert wurde.

»Wir waren im Zimmer meines Freundes und super vorbereitet, wir hatten an alles gedacht. Er hatte das Bett frisch bezogen und extra eine Kassette mit meinen Lieblingsliedern aufgenommen, was ich total süß fand damals. Also lief Karat (kennt heute auch kein Mensch mehr), und ich war so schrecklich aufgeregt. Seine Eltern waren nicht da, es war Sonntagnachmittag.

Während wir knutschten, ging plötzlich die Tür auf, die wir ja nicht abgeschlossen hatten, weil wir uns allein wähnten, und die Oma stand vor uns. Sie schaute uns nur an, dann machte sie die Tür wieder zu. Und so ging das die ganze Zeit, wir knutschten, und fünf Minuten später ging die Tür auf. Natürlich hatten wir das Thema ›erstes Mal‹ für diesen Tag abgehakt, aber knutschen wollten wir doch. Die Oma kam be-

stimmt zehnmal rein. Beim elften Mal haben wir nicht mehr geknutscht, da sah sie richtig erschrocken aus.«

»Wir wollten es ganz verwegen in der Sauna in unserem Keller tun. Mein Freund fand das außergewöhnlich. Ich mochte die Sauna eigentlich nicht, wollte ihm aber den Gefallen tun. Er kam nachts heimlich zu mir, ich machte ihm leise die Tür auf, und wir schlichen in den Keller. Da wir ein Haus hatten und meine Eltern im oberen Stockwerk schliefen, wähnten wir uns in Sicherheit. Natürlich waren wir trotzdem leise. Und dann passierte das, was man nur aus doofen Geschichten kennt: Die blöde Tür hatte einen Kippverschluss, und das Holz hatte sich verformt durch die ständigen Temperaturschwankungen. Also kriegten wir die Tür nicht mehr auf. Aber nicht nur das: Plötzlich ging die Sauna an, obwohl wir sie gar nicht angestellt hatten. Wir saßen ungelogen vier Stunden in der heißen Sauna, bis mein Vater endlich nach unten kam. Er hatte den Timer angestellt und wollte ganz frühmorgens saunieren, hatte dann aber leider etwas verschlafen, was unser Pech war. Und er stellte ziemlich blöde Fragen, was auch damit zu tun, dass wir nackt waren und die Kondome nicht verstecken konnten.

Wir haben unser erstes Mal dann übrigens doch in dieser Sauna erlebt. Aber diesmal hatten wir die Tür einen Spalt weit offen gelassen.«

»Ich war fünfzehn, Reni war sechzehn. Wir gingen in eine Klasse und lernten oft zusammen. Reni war gut in Mathe, ich in Englisch, so ergänzten wir uns gut und haben uns oft zu Hause getroffen. Wir waren einfach nur gut befreundet. Eines Tages saßen wir in meinem Zimmer, da kam mein Vater rein, blieb vor uns stehen, glotzte uns an, drehte sich um und

hängte die Tür – die übrigens nicht geschlossen gewesen war – aus, und das mit den Worten: ›Dieses Haus bleibt sauber.‹ Dann trug er die Tür in den Keller. Wir sahen uns an und waren völlig verwirrt. Erstens war die Tür ja offen gewesen, so wie immer, und zweitens gingen wir ja gar nicht miteinander. Aber von diesem Moment an sah ich Reni mit anderen Augen und sie mich offenbar auch – denn wir verknallten uns und hatten kurze Zeit später auch den ersten Sex. Bei Reni zu Hause und bei geschlossener Zimmertür. Ich glaube, das hatte mein Vater mit seiner Aktion nicht erreichen wollen.«

Nur ein ganz geringer Prozentsatz der von mir Befragten haben ihr erstes Mal als unglaublich berauschend empfunden, um ganz ehrlich zu sein, war es ein Pärchen, Nina (47) und Mike (48):

»*Es war im Jugendcafé. Wir haben uns einschließen lassen und dann mitgebrachtes Bier getrunken. Für uns beide war es das erste Mal, dass wir Alkohol tranken. Und dann hatten wir das erste Mal Sex. Ich erinnere mich nur noch daran, dass am nächsten Morgen lauter aufgeblasene Kondome um uns rumschwebten, und unsere Klamotten hingen an der Deckenlampe. Wir hatten einen schrecklichen Kater – den ersten unseres Lebens – und können jetzt beide behaupten, dass unser erstes Mal in der Tat berauschend war.*«

Schade eigentlich, dass man sich das erste Mal nicht sparen und gleich mit dem zweiten, von mir aus auch mit dem dritten Mal weitermachen kann. Damit wäre allen geholfen. Geht aber nicht. Deswegen: Man sollte die Dinge einfach auf sich zukommen lassen. Denn sie werden kommen. Und wenn alles gut läuft, wir auch irgendwann.

3. Jetzt neu in unserem reichhaltigen Sortiment: Der Handlungsporno

> **Internetfund des Tages:**
> Der beste Porno ist wie ein Telefonbuch:
> Viele Nummern, keine Handlung.

Fakten zum Porno:

Ergebnisse bei Google, wenn man »Porno« eingibt:

Ungefähr 692 000 000 Ergebnisse in 0,18 Sekunden
(Zum Vergleich: Gibt man »Wetter« ein, kommen
129 000 000 Einträge)

Zusammengefasst:

Film, bei dem es um Sex geht, und zwar nur um Sex und um nichts anderes.

Typische Handlung:

Ein Mann und eine Frau ficken, und man kann ohne Fernglas alles sehen. Die Frau sagt sehr oft: »Uh, ah, ja. Fester.« Der Mann sagt oft: »Ich bin der Klempner, darf ich hier mein Rohr verlegen?«

Typische Handlung II:

Mehrere Menschen ficken miteinander und untereinander. Alle sagen sehr oft: »Uh, ah, ja. Fester« und »Jetzt spritz ich« und »Wir sind die Klempner. Dürfen wir hier unsere Rohre verlegen?«

Typische Anfangsdialoge:

»Was machen Sie denn hier?«
»Na, ich bringe die Post, junge Frau.«
»Echt jetzt?«
»Ja.«
»Echt?«
»Ja, echt.«
»Dann kommen Sie mal rein. Ihnen ist doch bestimmt ganz heiß bei dem Wetter.«
»Ja.«
»Ich könnte ja mal meine Bluse ausziehen.«
»Ja, das könnten Sie.«

Typische Anfangsdialoge II:

»Hallo!«
»Hallo.«
»Ich bin der Freddy.«
»Ich bin die Maike.«
»Geil.«

Dialoge, die in einem Porno eigentlich nichts zu suchen haben I:

»Warst du schon einkaufen?«
»Ja, war ich.«
»Hast du Sauerkraut mitgebracht?«
»Ach Scheiße, das hab ich total vergessen. Da muss ich noch mal los.«
»Dann bring auch gleich Vogelfutter mit. Der Hansi hat kaum noch was.«

Dialoge, die in einem Porno eigentlich nichts zu suchen haben II:

»Wir müssen unbedingt mal wieder ein romantisches Wochenende miteinander verbringen!«
»O ja, im Schwarzwald. Da genießen wir bei der berühmten Torte die Natur und führen gute Gespräche!«

Sätze, die wir wohl nie in einem Porno hören werden:

»Mach schnell, ich muss noch zur Uni.«
»Stimmt es, dass du hochbegabt bist?«
»Ich bin Forschungsassistent an der Landessternwarte Heidelberg-Königstuhl.«
»Ich kann nicht spritzen.«
»Deine Titten sind viel zu groß.«
»Dein Schwanz muss nicht unbedingt steif werden.«
»Du musst dich nicht ausziehen.«
»Ich muss erst noch die Pilzcreme suchen.«
»Ich kann nicht mehr.«
»Ich auch nicht.«

Pornos schaut man, um sexuell angeheizt zu werden, und nicht, weil man etwas über die näheren Lebensumstände der Protagonisten erfahren möchte. Egal, ob man uns mitteilt, dass der Vermieter wegen Eigenbedarf gekündigt hat oder man sich bei der 69er-Stellung darüber unterhält, ob man sich neue Kaltschaummatratzen zulegen möchte, weil die Gitti und der Julius das auch gemacht und seitdem überhaupt keine Rückenprobleme mehr haben. Ich meine, sonst hießen Pornos doch nicht Pornos. Übrigens: Das Wort Porno ist die Abkürzung für das Wort Pornographie, kommt aus dem Griechischen und heißt übersetzt »unzüchtige Darstellung«.

Selbstverständlich fallen sämtliche Vertreterinnen der Emanzipation jetzt entweder um oder bekommen Herzrasen, weil Frauen so anders sind als Männer, und verdammt nochmal, die armen, armen Frauen werden in den bösen, bösen Filmen so hingestellt, als würden sie nur auf ihre Sexualität reduziert. Ja. Das stimmt. Aber ist das nicht auch bei den Männern der Fall? Klar kann man Anstoß daran nehmen, wenn eine blondierte Brünette hintereinander sechs Schwänze bläst, aber wozu ist das denn sonst ein Porno? Soll sie eine Lauchsuppe kochen? Man bestellt doch auch keinen Maler, wenn man eine Investmentfonds-Beratung will.

Natürlich gibt es Unterschiede bei Pornos – aber die Geschmäcker sind ja halt auch verschieden. Deswegen ist es bei Pornos wie bei allen anderen Filmen. Da gibt es Thriller, Romantic Comedy oder Drama. Bei Pornos gibt es eben auch diverse Kategorien für diverse Vorlieben der Leute. Absolut im Trend liegen übrigens derzeit die sogenannten »Amateurvideos«. Die heißen dann gern mal »Private Amateurpaare heimlich gefilmt«.

Man fragt sich: Wer schaut solche Filme? Kurz nachgedacht und zu folgendem Ergebnis gekommen: Es ist der geheime Blick durchs Schlüsselloch, der die Leute anmacht! Denn wir wollen ja private Paare sehen, die Dinge tun, bei denen sie sich sehr unbeobachtet fühlen. Dazu gehört wahrscheinlich auch, dass diese Paare nicht, ich sag es mal vorsichtig, allzu gut rüberkommen. Denn: Die privaten Paare heißen meistens Jacaranda-Lorena und Roger, sprechen Sächsisch bis zum Gehtnichtmehr und versuchen, mit dem Drehen dieser Filme die drohende Privatinsolvenz zu verhindern (Jacaranda-Lorena bestellt so gern Küchen bei Otto, das findet sie gut, und Roger braucht nun mal vier BMWs mit Hosenträgergurten und Lexmaultuning, nur die Ratenzahlung, die braucht er nicht). Jacaranda-Lorena hat keine Augen, sondern die Gucker einer verendeten Milchkuh, und Roger versucht, sein Resthaar mit Gel so gefügig zu machen, dass man die Platte nicht sieht. Meistens wird in Schlafzimmern gefickt, in denen noch Fotos von Erich Honecker hängen, und die Tagesdecke ist aus beigem Cordsamt und hätte eine Reinigung dringend nötig. Der einzige Satz, den Jacaranda-Lorena beherrscht, ist: »Büms misch, du gailar Hängst, mach die Muddi färdisch!«, und der einzige Satz, den Roger beherrscht, ist:

»Du schaffes Ludar, disch büms isch, bis meine Aiar bei dir zum Orsch rausgommen!« (Hier wünscht man sich ab und an eine Handlung, und wenn sie nur aus einem einzigen anderen Satz besteht. Und wenn Roger bloß mal zwischendurch sagen würde: »Un'd Umsatzstäuervoranmäldung fürs ärste Quaddal ham wer ooch noch nüsch gemacht!«) In den Wohnzimmern liegen und sitzen überall Kuscheltiere vom Jahrmarkt und stehen diese gekachelten Couchtische, auf denen neunzehn Fernbedienungen liegen. Oder sie stecken in den Satteltaschen eines Bastesels, den man mal aus dem Pauschalurlaub in Griechenland mitgebracht hat. Es geht weiter mit Plastiktischtüchern und Klodeckelbezügen. Ich habe sogar in einem Film mal einen Flokati-Klodeckelbezug gesehen, da hat sich eine Frau mit nacktem Hintern draufgesetzt. Und danach ein nackter Mann.

Wirklich.

Wie gesagt, es gibt für beinahe jede Vorliebe die entsprechenden Filme:

Kategorie	Bedeutet:
BBW	**B**ig **B**eautiful **W**oman: Also für Liebhaber der Korpulenten
Analingus	Oralsex am Anus, um es mal gewählt auszudrücken
Autofellatio	Ein Mann bläst seinen eigenen Schwanz (Chapeau!)
Bukkake	Mehrere Männer ejakulieren hintereinander auf eine vor ihnen liegende oder kniende Person

Kategorie	Bedeutet:
CFNM	Clothed Female, Nude Man: Beim Blasen ist die Frau angezogen, der Mann nackt
Cuckold	Frau und fremder Mann haben Sex. Ehemann schaut zu und wird dabei mit Worten erniedrigt
DP	Double Penetration: Frau kriegt's von zwei Männern gleichzeitig in zwei Öffnungen
Gagging	Deep Throat bis zum bitteren Ende, während die Person sabbert und keucht
Jousting	Blasen von zwei Schwänzen gleichzeitig
Mutual Masturbating	Zwei Personen befriedigen sich selbst, während sie aber keinen Kontakt miteinander haben, sich also nicht berühren
Rusty Trombone	Frau holt dem Mann einen runter und fingert gleichzeitig an seinem Poloch rum
Tribadie	Zwei Frauen reiben ihre Schamlippen aneinander
Standing Reverse Cowgirl	Der/die zu Begattende befindet sich vom Partner gehalten mit den Füßen in der Luft, Gesicht vom Sexpartner abgewendet
Gonzo	Filme, die lediglich aus aneinandergereihten Sexszenen bestehen. Der Kameramann gibt hörbare Anweisungen und wirkt teilweise auch selbst mit

Kategorie	Bedeutet:
Ponygirl	Frau wird zum Pferd ausstaffiert (es gibt spezielle Klamotten hierfür und Zaumzeug, Geschirr und Sattel), muss traben, galoppieren und einen Wagen ziehen, und alle finden das gut
MILF	Mom I'd like to fuck, also ein umgangssprachlicher, obszöner Ausdruck für sexuell attraktive Frauen vorwiegend im mittleren Lebensalter. Der Kick ist, dass die Frauen schon reifer und erfahrener sind und/oder mütterlich aussehen. Ich habe zwei MILF-Filme gesehen und muss zugeben, dass ich den Sinn nicht ganz verstanden habe. Da waren halt Frauen, die sahen aus wie ganz normale Frauen. Nicht besonders oder so. (Ob zwei Männer, die sich zum Pornoschauen treffen, sich mit den Worten »Heute könnten wir eigentlich mal milfen« verabreden?)
Cast Fetish	Freude am Gips. Menschen finden es erregend, wenn ein oder mehrere Körperteile des Sexualpartners eingegipst sind, ohne dass ein medizinisches Muss dahintersteckt
Objektopholie	Liebe zu »Dingen«. Beispielsweise gab es mal einen Bericht im Fernsehen darüber, dass ein Mann sich in seine Lokomotive verliebt hatte und ihr sogar Briefe schrieb

Kategorie	Bedeutet:
Looner	Leute, die durch Luftballons sexuell erregt werden. Es gibt z.B. die Popper: werden geil, wenn der Ballon platzt, es gibt die Non-Popper, das Gegenteil also (hat oft eine innige Beziehung zu Luftballons), es gibt Semi-Popper, die es mal so und mal so gut finden. Dann gibt es noch einige Zwischenstufen

Und nun ist es an der Zeit, uns den bekanntesten Pornofilmen zu widmen, und wir beginnen mit einem Streifzug durch die Geschichte:

Kasimir, der Kuckuckskleber (1977):
Gerichtsvollzieher Kasimir kommt zu zahlungsunfähigen Damen und pfändet deren Hinterteile. Nach ausgiebiger Begutachtung und sexuellen Tätigkeiten wird ein Pfandsiegel auf den Arsch geklebt. Höhepunkt ist eine Gerichtsverhandlung, in der schließlich alle miteinander vögeln.

Josefine Mutzenbacher (1976):
Die junge Josefine fängt als Teenager an, es sich selbst zu machen, aber das genügt ihr irgendwann nicht mehr, deswegen hat sie bald Sex und findet das toll, dann hat sie immer mehr Sex und findet das immer toller, und dann beschließt sie, ihr Hobby zum Beruf zu machen und eine Hure zu werden, und das findet sie auch toll.

Deep Throat (1972):
Eine sehr frustrierte Frau, die keine Orgasmen bekommt, geht zum Arzt, und der stellt verdutzt fest, dass ihre Klitoris sich in

ihrem Rachen befindet, was im Klartext heißt, dass sie nur beim Blasen zum Orgasmus kommen kann, und was dann passiert, dürfte klar sein.

World's Biggest Gang Bang (1995):
Jurastudentin lässt sich innerhalb von zehn Stunden von 251 verschiedenen Männern durchziehen und findet das gut.

One Night in Paris (2004):
Hotelerbin und Sonst-Nix-Macherin Paris Hilton hat Sex mit ihrem Freund in einem Hotel (ach!), der filmt das alles, aber die meiste Zeit ist es dunkel, und man hört nur: »Oooh!«, »Mmmm« und »Aaaah!«, aber trotzdem verkaufte sich dieser Film mehrere Millionen mal; Paris hat ihren Freund daraufhin verklagt, und schwupps, war sie am Gewinn beteiligt.

Schulmädchen-Report (ab 1970, 13 Episodenfilme):
Ist nicht wirklich ein Porno, gehört aber trotzdem irgendwie dazu, weil Kult. Der Produzent bezeichnete diese Serie als Idee seines Lebens. Allein der erste Film hatte 6 Millionen Zuschauer, der letzte immerhin noch 1, 2. Es geht um ganz alltägliche Dinge, die der Macher aus der Zeitung oder aus Straßenbahngesprächen aufschnappte: Sex mit einem älteren Mann, junges Liebespaar, aber auch kritische Themen wie Vergewaltigung etc. Kommentare aus dem Off von Geistlichen oder Psychologen sollten den Filmen u. a. eine Aussage geben und schlimme Bilder abmildern.

Unterm Dirndl wird gejodelt (1974):
Ist zwar ein sogenannter Lederhosenfilm, gehört aber auch hierher, weil echt Kult! Das Heyne-Filmlexikon schreibt: »Bayerische Buam bumsen brünstige Blondinen. Ein wirklich intellektuelles Vergnügen.« Noch Fragen?

Auch schön war die Recherche zu Pornofilmen mit Handlung, die vielleicht noch kommen. Hier haben sich Internet-User in diversen Foren ganz schön ins Zeug gelegt und die Namen tatsächlich existenter Filme ein wenig umgewandelt. Ich dachte, ich steuere mal mögliche Inhaltsangaben bei:

In Diana Jones:
Die arme Diana Jones wohnt alleine in einer kanadischen Hütte und wird von einem Wissenschaftler besucht, der sich verlaufen hat und eigentlich irgendeinen Gral sucht. Weil der Wissenschaftler notgeil ist, nimmt er Diana kurzerhand auf dem Holztisch in der Küche, dann kocht sie ihm Essen, und er fickt sie wieder, weil es so gut geschmeckt hat. Bei einem guten Glas Wein erzählt sie ihm, dass im Keller ein Gral liegt. Sie gehen runter, finden den Gral, ficken auf dem Kellerboden, ficken dann oben wieder auf dem Tisch, und dann ist der Wissenschaftler müde, und Diana wäscht ab.

Flucht von Analtraz:
Der böse Verbrecher Frank ist schon ein paar Mal aus dem Gefängnis ausgebrochen, und deswegen wurde er jetzt nach Analtraz verfrachtet. Noch nie hat es jemand geschafft, von dieser Insel zu fliehen, schon allein deswegen, weil alle den ganzen Tag mit Analsex beschäftigt sind. Franks Rosette ist aber irgendwann so ausgeleiert, dass er einfach nicht mehr kann. Außerdem will er auch mal was anderes machen. Er töpfert, malt Mandalas, spielt Harfe, zählt Steine, singt Seemannslieder, aber immer wieder kommen Männer und wollen ihm den Nickel verchromen. Zusammen mit drei anderen Häftlingen versucht er die Flucht, sie werden aber geschnappt und müssen nun bis an ihr Lebensende Vaseline herstellen.

Schamlos in Seattle:
Frau hört in Radiosendung, dass Mann einsam ist, er gesteht, dass er Outdoorsex geil findet, sie zieht sich aus und rast raus in den Regen, wo er schon wartet. Er nimmt sie dort von hinten, während es regnet, dann rasen sie bei Regen durch die Stadt und haben Sex, während andere zuschauen und entsetzt sind, und dann bestellen sie einen Burger, und alle finden es schamlos, dass sie noch nicht mal Besteck benutzen.

Gay's Anatomy:
Eine Gruppe junger schwuler Assistenzärzte muss sich gegenseitig befummeln, um die menschliche Anatomie kennenzulernen. Dass es dabei zu Orgien im Schockraum kommt, dürfte niemanden wundern. Auch nicht die beiden Schamlosen (s. o.), die ja ebenfalls in Seattle zugange sind und in die Notaufnahme kommen, weil sie zu viele Burger ohne Besteck gegessen haben. Dort wird seine hintere Anatomie unter die Lupe genommen, während sie Kammerflimmern bekommt und letztendlich alle miteinander ficken und auch Defibrillatoren zum Einsatz kommen.

Fuck me if you can:
Hochstapler auf der Flucht vor Leuten, die ihn ficken wollen. Da er eine Menge Kondition hat, kommen die Sexgeilen ganz schön ins Schwitzen und bieten ihm Geld, wenn er stehen bleibt.

Der Name der Hose:
Alzheimerkranker Mönch erinnert sich nicht mehr daran, wie seine Hose heißt, und lässt sich immer wieder von seinen Mönchsbrüdern durchnudeln, die ihm versprechen, danach den Namen der Hose zu verraten, was er aber sowieso wieder

vergisst, und alles geht von vorne los (Achtung, Film hat Überlänge).

Und weil wir gerade so gut dabei sind, hüpfen wir mal kurz in die Realität, und zwar zur Rubrik »dämliche reale Pornotitel und ihre Handlungen«:

Aus heiterem Pimmel:
Stell dir vor, du arbeitest im Garten, da kommt einfach eine geile Frau und zieht dir die Hose runter! Einfach so, aus heiterem Pimmel!

Mitfickzentrale:
Benzin ist teuer, deswegen bilden sich Fahrgemeinschaften, aus denen dann ganz unkompliziert Fickgemeinschaften werden. So einfach kann es gehen!

Sackhüpfen im Bowling Center:
Bowling mal gaaanz anders! Die Darsteller lassen die Kugeln so richtig rollen!

Edward mit den Penishänden:
Gleich 10 Schwänze statt Finger hat Edward und findet das richtig gut!

Ja, so ist das. Und was wären die Filme ohne die Darsteller? Es gibt so unglaublich viele, und ich kann unmöglich alle aufzählen, aber über ein paar bekannte habe ich einige Erkundigungen eingezogen. Was machen die Pornostars von damals heute?

Gina Wild
(Michaela Jänke, später Schaffrath, geb. 1970)
(ja, mit ihr zusammen hab ich mal eine ganze Nacht lang meine Sendung »Trieb« moderiert!):
Drehte mit Harry S. Morgan für Videorama ab 1999 eine Menge Filme (Die ›Jetzt wird's schmutzig‹-Reihe ist wohl die bekannteste), distanzierte sich vom Pornogeschäft und versuchte sich dann als Schauspielerin. Von ihrem Mann Axel wurde sie geschieden, heiratete einen Unternehmer, 2013 Trennung. Mittlerweile spielt sie überwiegend Theater. Der große Durchbruch als Schauspielerin ist ihr nicht gelungen.

Dolly Buster
(Nora Baumbergerova, geb. 1969):
Ihr erster Job war Übersetzerin beim Bundesgrenzschutz. Da war sie 18, und ein halbes Jahr später fing sie mit dem Pornodrehen an. In den 1980er und 90er Jahren war sie in über 50 Filmen zu sehen, 1997 Heirat mit Pornoregisseur Josef, seitdem dreht sie nicht mehr aktiv, sondern arbeitet als Produzentin und Regisseurin, hat auch eine eigene Erotikshop-Kette »Dolly Buster«. Hat zur richtigen Zeit gewechselt.

Teresa Orlowski
(Teresa Orlowska bzw. Teresa Moser, geb. 1953):
Wollte einst Nonne werden, hat es sich dann aber anders überlegt. Lernte den Produzenten Hans Moser kennen (der nichts mit dem Schauspieler zu tun hatte, den man u. a. aus dem Film »Hotel Sacher, Portier« kennt), Heirat 1982, Gründung eines Verlags, der Pornomagazine und -filme produzierte, eigene Filmreihe »Foxy Lady«, wurde Pornoqueen Deutschlands, hatte einige Klagen wegen Verbreitung von Pornographie u. a. am Hals. Lebt heute zurückgezogen in Marbella.

Sarah Young
(Sarah-Louise Young, geb. 1971):
War mit 15 nackt auf Seite 3 der »Sun« zu sehen, fing mit 18 an, in England Filme zu drehen. Der deutsche Produzent Hans Moser (siehe Teresa Orlowski) hat sie dann für Deutschland entdeckt, und mit ihm drehte sie viele Filme. Die beiden haben 1991 geheiratet, sind schon wieder geschieden. 1997 gab sie ihren Rücktritt bekannt, um Jura zu studieren.

Sybille Rauch
(Erika Roswitha Rauch, geb. 1962):
Kam über die Filmreihe »Eis am Stiel« zum Porno, wurde 1988 Playmate des Jahres. Absturz, Kokain, Selbstmordversuch, Psychiatrie. Später aus Geldnot im Bordell in Österreich gearbeitet. Man sagt, sie lebt heute in Bayern. Ihr Leben wurde 2001 verfilmt: »Das sündige Mädchen«.

Kelly Trump
(Nicole Heyka, geb. 1970):
Fing an als Go-go-Girl, ging zu einem Casting und erfuhr erst dort, dass es sich um einen Porno handelte. Sagte ja, es blieb nicht bei dem einen, 2001 Rückzug aus dem Geschäft, kleine seriöse Rollen, Autobiographie, wohnt heute mit ihrem Mann (Ex-Scooter-Mitglied) in Gelsenkirchen.

Bei dem Wort *Pornofilme* scheidet sich die Menschheit. In Männer und in Frauen. So das Klischee. Alle Männer finden Pornos supergeil, alle Frauen verabscheuen Pornos wie das Klimakterium. Aber ist das wahr? Ich glaube nicht, dass die nicht geringe Anzahl Frauen, die ich gefragt habe, ob sie Pornos schauen, und die ja gesagt haben, gelogen haben. Wenn man sich mal vor Augen hält, dass im Jahr 1987 allein in

Deutschland eine halbe Million Pornos ausgeliehen wurden (damals hatten die Videotheken ja noch Hochkonjunktur!) und es im Jahr 1999 schon 80 Millionen waren, kann man sich an zwei Fingern ausrechnen, dass sich bestimmt nicht nur Männer für diese Filme interessiert haben (leider lässt sich nicht sagen, wie viele es heute sind, denn die Videotheken sterben ja aus und vieles wird übers Internet erledigt).

Wie viele Pornofilme pro Jahr weltweit gedreht werden, ist leider auch nicht herauszubekommen, aber man darf davon ausgehen, dass es mehrere tausend sind. Mit Sicherheit jedoch hatten die wenigsten eine *wirkliche* Handlung. Bei der Pornorecherche habe ich sehr, sehr wenige Filme gefunden, die mit einer Handlung prahlen (einige User im Netz empfehlen den Film »Pink Prison«. Man wirbt damit, dass es feministische Pornographie in bester Form sei. Ein Trailer beginnt damit, dass eine blonde Frau eine Großküche betritt, die so aussieht wie eine in einer Jane-Austen-Verfilmung. In großen Kupfertöpfen blubbert Suppe, die Frau läuft herum und nascht herumliegendes Gemüse, während sie von dem farbigen Koch heimlich beobachtet wird. Dann tritt der Koch in Erscheinung und erklärt der Frau, dass das seine Küche sei, die Frau sagt, sie habe Hunger, und eine Diskussion entbrennt. Er lässt sie aus einem Sektglas trinken, aus einem Gefrierschrank wird ein Eiswürfel geholt, auf den der Koch pustet, dann zieht er sich plötzlich aus, wirft das Sektglas durch die Gegend, die beiden fangen an zu knutschen, er zieht sie aus, ihr Hintern ist zu sehen, dann ist der Trailer zu Ende.

Ebenfalls angeblich frauenkompatibel (auch wenn sich die Inhaltsangaben teilweise lesen, als gehe es um eine Romantic Comedy) sind diese Filme hier:

En la cama:
Zwei Unbekannte treffen sich in einem Hotelzimmer und haben Sex. Und wollen zusätzlich ihren Geheimnissen auf die Spur kommen. (Scheint ein richtiger Schocker zu sein)

9 Songs:
Hier gibt es eine möglicherweise noch nie dagewesene Mischung: Live-Konzert-Mitschnitte und freizügige Sexszenen. Hauptfiguren: die Konzert- und Beischlaffreunde Matt und Lisa. Die besuchen neun Rockkonzerte, danach wird gefickt. (Wahrscheinlich schon allein wegen des Drehbuchs interessant!)

Swingers:
Hier wird mit einer »diebischen Lust am Nervenkitzel« die Story eines Partnertauschs erzählt und gezeigt. Es gibt viele Sexszenen und viele Szenen, in denen Eifersucht, Neugierde, Zügellosigkeit und Unsicherheit thematisiert werden. (Möglicherweise der richtige Streifen für Hobbypsychologen)

Shortbus:
Alle vögeln durcheinander, aber es geht nicht etwa um einen schnellen Kick, nein, nein, es geht um Sehnsucht und um Liebe und um ganz große Gefühle. Eine, wie der Infotext verspricht, »tief(!)gehende, bizarre und unterhaltsame Mischung«. (Also ähnlich wie »Die Tudors«)

Hammer!
    Jetzt mal Butter bei die Fische: Natürlich muss so ein Film irgendwie anfangen. Und natürlich werden oft die gängigen Klischees bedient, die da wären: Handwerker, Postbote,

Fremde/r klingelt und will »nur kurz aufs Klo«. Aber braucht so ein Film eine wirklich übergreifende, wichtig zu nehmende Handlung?

Wollen Frauen wirklich sehen, dass ein Typ ein Schlafzimmer betritt, in dem sich drei hübsche, nackte Frauen mit Oberweiten so groß wie Niedersachsen lasziv auf einem Bett räkeln?

Wollen sie wirklich (ist nur ein Beispiel) einem solchen Gespräch zuhören oder -schauen:

»Hallo, die Damen«, sagt der Mann (was ein absoluter Blödsinn ist. Kein Mann würde in einer solchen Situation »Hallo, die Damen« sagen).

Eine der Damen steht auf, ihre dicken Titten schwabbeln hin und her, sie fährt sich mit Schlafzimmerblick über die Nippel, um dann vorwurfsvoll zu sagen: »Du hast den Müll heute morgen nicht mit runtergenommen.«

»O ja.« Der Mann sieht schuldbewusst aus. »Ich hatte ja diesen wichtigen Termin wegen des Großkredits für den Blabla-Konzern, da muss ich es einfach vergessen haben.«

Vom Bett kommend die Stimme von Frau zwei: »Und – habt ihr den Deal hingekriegt?«

Mann: »Ja, allerdings ist der Abschluss nicht so gelaufen, wie ich mir das vorgestellt habe. Sie hatten noch ein Angebot von einer anderen Bank, und da sind wir wohl oder übel mit den Prozenten runtergegangen.«

Vom Bett her kommend die Stimme von Frau drei: »Heute war der Bofrost-Mann da und hat neu geliefert.«

Mann: »Gabi, denk an mein Cholesterin.«

Frau eins: »Einmal am Tag muss der Mensch warm essen.«

Frau zwei: »Genau.«

Frau drei: »Genau.«

Mann: »Ich zieh mir nur eben meinen Schlummeranzug an.

Oder haben wir vier Hübschen vielleicht nachher noch Beischlaf?«

Frauen eins, zwei, drei: »Vielleicht. Wenn du brav bist und deinen Teller leer isst. Und nicht das böse Wort sagst ...«

Mann (blinzelt schelmisch): »Das F-Wort?«

Frauen eins, zwei, drei: »Oooooh, das böse F-Wort, das böse.«

Eine hebt ihren Zeigefinger spielerisch drohend: »Denk dran, dass auch Frauen diesen Film sehen. Deswegen hat er eine nachvollziehbare (?) Handlung, und es kommen keine bösen F-Wörter drin vor!«

Mann (lugt spitzbübisch in die Kamera): »Das weiß ich doch. Oh, aber ich merke schon, wie sich in meinem Unterleib etwas tut. Ob das der kleine Hermann ist, der da rauswill?«

Frauen (kreischend): »Der kleine Hermann, der kleine Hermann! Wie süß!«

Mann: »Nachher werde ich euch erregenden Vertreterinnen der weiblichen Zunft nacheinander die primären und sekundären und sowie die tertiären Geschlechtsmerkmale aber so was von oral befriedigen, und dann lasse ich meinen kleinen, großen Hermann in euren Geschlechtskanal gleiten. Mmhmm, wie freue ich mich darauf. Und wenn es bei euch ... ihr wisst schon, so weit ist, ruft ihr wieder: ›Hermann, ich orgasmiere!‹«

Frau eins: »Du bist aber ein ganz Schlimmer! Und nun wollen wir erst mal essen. Damit die Handlung auch stimmt.«

Ich behaupte jetzt einfach mal: Kein Mensch will sehen und hören, dass sich Kelly Trump Gedanken darüber macht, ob man den im Kellereingang gefundenen Igel mit Dosenmilch über den Winter kriegt, während sie vor einem muskulösen

Mafiaboss anal penetriert wird. Niemand. Es will auch niemand hören, wie sie dem Boss von einem unangenehmen Telefonat mit dem verhaltensgestörten Weißbinder erzählt, der schon wieder die falsche Farbe angemischt hat.

Also, mal bei ein paar Frauen in geselliger Runde und bei Facebook nachgefragt: Ist der Handlungsporno überflüssig? Natürlich gilt auch hier wie immer: Ausnahmen bestätigen die Regel. Aber lassen wir doch mal die Mehrzahl gelten. Ich habe insgesamt knapp 50 Personen weiblichen Geschlechts befragt, und überwiegend lautete die Antwort: »Handlung? Warum das denn?«

Hier einige repräsentative Antworten:

- »Wenn es eine nachvollziehbare Handlung in so einem Film gibt, dann doch echt nur, damit die DVD voll wird. Ganz ehrlich, ich brauch keine Handlung. Warum schaut man sich einen Porno an? Richtig, um scharf zu werden. Da will ich nicht sehen, dass die sich vorher ein Brot machen.«
- »Handlung in Pornos ist total überflüssig. Ich will mich beim Sehen eines Pornos aufgeilen, sonst nichts.«
- »Pornos mit Handlung? Hallo? Dann ist es doch kein Porno.«
- »Ganz ehrlich? Pornodarsteller sind keine richtigen Schauspieler. Eine sogenannte Handlung ist total lächerlich, weil es immer gestelzt und unecht rüberkommt. Deswegen sollten die das machen, was sie können. Ein Arzt muss ja auch nicht unbedingt dasselbe können wie ein Rechtsanwalt. Ich sag nur: Schuster, bleib bei deinen Leisten.«

So. Und jetzt zum Praktischen: Welcher Porno darf's denn nun sein?

Pornos gibt es viele. Sehr viele. Wie viele es gibt, das lässt sich nicht sagen, weil ja auch nicht alle veröffentlicht werden. Aber man darf davon ausgehen, dass minütlich irgendwo auf der Welt Pornofilme gedreht werden. Es gibt unendlich viele. Für jeden Geschmack ist was dabei, und Sex ist nun mal eine gute Einnahmequelle. Aber wie findet man für sich die richtigen? Nicht jeder will sich einen in der Videothek ausleihen (ist ja auch peinlich, wenn der nette Angestellte ruft: »›Dauergeile Schlampen und heiße Lustficker Teil sechs‹ ist für die Frau da mit den braunen Haaren!«), und deswegen kann man sich auch im Internet welche bestellen (davon abgesehen sterben, so mein Eindruck, die Videotheken langsam aus, denn wir schreiben das Zeitalter von SKY und Home Entertainment).

Grundsätzlich abzuraten ist von älteren Filmen. Ich meine jetzt die aus den 1970er und 1980er Jahren. Nichts gegen die schon erwähnten Darstellerinnen Sarah Young und Sybille Rauch, die haben wirklich gut gemachte Titten, aber leider vergessen, sich untenrum zu rasieren. Und ihre Mitgespielinnen auch. Teilweise rankt sich das Gewächs bis über die Oberschenkel hinaus. Die Männer, die diese Frauen oral befriedigen mussten, können einem heute noch leidtun, denn es gibt, glaube ich, nichts, was mehr Brechreiz verursacht als verschluckte Haare.

Zurück zum Heute: Da hätten wir erst mal die Seiten von den Versandhäusern Orion und Beate Uhse (die beide in Flensburg sitzen und irgendwie zusammengehören, so wie Saturn und Media Markt). Hierzu muss man sagen, dass sich das Erotikvideo-Angebot mit den Jahren wirklich verbessert hat. Das war nämlich ursprünglich mal nicht so dolle und eher im »Unterm Dirndl wird gejodelt« – Bereich angesiedelt. Wobei ich das jetzt nicht verurteilen will, hatte bestimmt auch seine Anhänger. Und jeder, wie er's braucht.

Bei Orion gibt es nicht die wahnsinnig harten Sachen, aber unter anderem in den Kategorien »Girls und Paare«, »Große Brüste« und »Better Sex Line« (ein bisschen ratgebermäßig, es gibt hier die DVDs »69 Liebesstellungen«, »Sex Phantasien«, »Bondage« und »Erotische Scharfmacher«) kann man schon fündig werden, wenn man es soft mag.

Wirklich gut gemachte Pornos erkennt man daran, dass sich in den allermeisten Fällen *wenige* Rechtschreib- und Interpunktionsfehler bzw. katastrophale Übersetzungen in der Inhaltsangabe bzw. auf der DVD-Hülle befinden (also da steht dann nicht: »Die schafe, Ina und ihre Freundin, die Sarah wollen, Urlauhb in Malloca machen. Da angekommen, kommt gleich ein geiler Typ: der den beiden mal so, richtig ein verputzt. Und da kommt dann noch der Freund, der auch verputzt und kommt, weil die sind auch beide Verputzer und ham dann auch, noch geile Freunde, wo auch zum Verputzen kommen tun.«), und die Cover sehen nicht so aus, als wären sie von einer sudanesischen, leider vor kurzem erblindeten Hilfskraft im Foto-Schnell-Service geknipst worden, sondern professionell. Gut, über die Titel kann man sich streiten, wichtig sind die kleinen Bilder auf der Rückseite, die sollten keine Grashalme zeigen, sondern im Normalfall die kopulierenden Leute, die im Film vorkommen (das ist manchmal wirklich so, hinten sind Bilder mit Leuten drauf, die man dann nie wiedersieht). Kurzum: Gut gemachte Pornos sehen auch gut gemacht aus. Da die meisten Pornos im Internet gekauft werden, sollte man auch hier schauen, was da steht und *wie* es steht.

Hier drei Textbeispiele, bei denen dann auch die Filme stimmen:

Tittenalarm 44 (**von Magma**):
Echte Riesentitten, superscharfe Girls, extrem heiße Szenen! Playmate Carmen Croft, der ultimative Männertraum, wird dich mit ihrem perfekten Körper und ihren (wunder)vollen Brüsten zu höchster Extase treiben ... Unglaublich, die dunkelhaarige, dralle Alexandra ist zum ersten Mal vor der Kamera und kriegt einfach nicht genug vom Ficken ... Ebenso die kurvenreiche Schönheit Ornella, die exotische Mulattin Linette und die blonde Erin können es kaum abwarten, das heiße Sperma auf ihren dicken Titten zu spüren ...

Klinik Report (**Magma**):
Schonungslos und ohne Tabus berichtet dieser Report über die skandalösen Vorkommnisse in der »Orgasmus-Klinik«! Die Ärzte sind den ständigen geilen Verfolgungen ausgesetzt, denn jede Krankenschwester will sich so einen schnuckeligen Kerl in Weiß angeln! Dabei setzen sie ihre geilen Körper mit allen Konsequenzen ein ...

Die Zwillingsschwestern (**Videorama**):
Acht heiße Mäuschen als Azubis im Krankenhaus, und eine ist geiler als die andere, immer auf der Jagd nach zwei Eiern, denen sie den Saft abzapfen können. Mit großem Eifer beschäftigen sich die Luder mit der Anatomie und funktionieren die Klinik kurzerhand um – in eine Samenbank.

Mit Filmen von Magma und Videorama kann man eigentlich nix falsch machen. Gute Bilder, gute Qualität. Ja, und sogar so was wie 'ne Handlung, aber eine, die passt, weil sie einfach gut eingefügt wird und es nicht zu viel davon gibt. Sprich: Man schläft nicht ein, bevor es überhaupt losgegangen ist.

Und so was ist eher grenzwertig (hab ich im Sexshop auf den Wühltischen gefunden, so was gibt's auch, jawoll! Aber leider nicht im Internet. Schade.):

Muschi-Uschi braucht harte Dinger!:
Uschi ist so einsam hat so Zeit und da klingelt es, die Uschi ist erschrocken und macht auf die Tür. Dann wird gefickt, bis alles kracht und alles tut gut!
(Auf dem Cover sieht man allen Ernstes eine sehr junge Frau, die eine Kittelschürze und sonst nichts trägt, auf einem durchfallgelben Sofa sitzt und Zeitung liest.)

Lady Ingeborg: »Knie dich hin, du Sau!«:
Ingeborg hat hier das Sagen, aber hallo! Sie fackelt nich lang und haut dir mit der schwänzigen auf deinen Schwanz, bis die glüht! Ingeborg ist eine ganz Harte! (Cover: Ingeborg, ca. 55 Jahre alt, hat eine Dauerwelle, trägt eine unvorteilhafte Brille und eine Korsage, die schief sitzt und unter dem Busen endet, was schade ist, denn so kann man den leider sehen. Nicht so schön. In der Hand hält sie einen Kochlöffel. Ingeborg sieht grimmig aus und hat einen Silberblick. Vor ihr kniet ein Mann und sieht so aus, als würde er gleich einschlafen. Im Hintergrund sieht man eine Stoffgiraffe auf einem Stuhl sitzen.)

Reife Witwen leicht gefickt:
Sie sind ohne Mann und geil! Sie hatten lange nicht mehr Sex und sie wollen ficken. Fick sie. Fick die Witwen. Sie warten auf deine Schwänze! (Cover: Drei Frauen sitzen mit kurzen Röcken und gespreizten Beinen nebeneinander auf einer Parkbank und scheinen auf Männer zu warten.)

Die Fotos auf guten DVDs sind so gemacht, dass man nicht das Gefühl hat, Fußpilz zu bekommen (Pornofilme werden ja gern mal gedreht, während die Darsteller sich in Außenpools, neben denen eine schmucke Gartenbestuhlung in schmutzigem Weiß darauf wartet, dass man sich auf ihr niederlässt und ein Tässchen Kaffee trinkt, oder in Whirlpools vergnügen), und die Fotos machen einen in der Tat ein bisschen geil, es sei denn, der Fotograf hat die schmutzigen Socken, die der männliche Darsteller trägt, um nicht aufs Maul zu fallen, mitfotografiert. Und natürlich sollte auf den Covern zu sehen sein, um was es geht. Sehr hilfreich ist es auch, wenn im Titel entsprechende Hinweise zu finden sind.

Klar sind die »guten« Filme etwas teurer. Der Videorama-Produzent Harry S. Morgan, der leider vor einiger Zeit verstorben ist, wusste eben, wie man's richtig macht. Nicht umsonst war er über dreißig Jahre im Geschäft, und das mit großem Erfolg. Gina Wild hat er groß gemacht, genau so wie Vivian Schmitt. Und sämtliche DVDs gehen weg wie warme Semmeln. Harry wusste eben, was Menschen wünschen. Und er ging mit einer Gelassenheit an die Dinge ran, von der sich viele eine Scheibe abschneiden können. Harry, der eigentlich Michael Schey hieß, hat mir erzählt, dass Frauen sehr wohl auf gut gemachte Pornos stünden. Die Betonung liegt auf *gut gemacht*. Ein Gähn-Vorspiel wollen sie eben nicht. Und sie wollen auch nicht, dass die Darstellerinnen in einer DDR-Wohnung mit spermabesudeltem Teppich hausen, sondern in einer Location mit Parkett. Das will ich nur mal so in die Runde werfen.

Harry hat 2010 zusammen mit Christoph Strasser eine Biographie rausgebracht, ein wirklich interessantes Buch. Der Coautor hatte Harry eine Zeitlang begleitet und die Erlebnisse aufgeschrieben. Das Werk heißt »Harry S. Morgan –

Der Meister der Pornografie«. Ist dann lesenswert, wenn man echt mal hinter die Kulissen schauen will. Alle gehen total locker mit dem Fick-Thema um. Es ist ein Job wie jeder andere – warum auch nicht.

Kleiner Auszug aus dem Buch:

»Kannst du noch einmal eben seinen Schwanz in den Mund nehmen?«, fragte Harry in vermutlich demselben Ton, in dem er sie auch nach der Uhrzeit fragen würde. Sie tat es. Harry schoss zwei Bilder. »Leckst du sie noch mal kurz?«, fragte er Conny. Taranee schwang sich wieder auf die Arbeitsplatte, spreizte die Beine und nahm Connys Kopf zwischen ihre Schenkel.

Alles gut.

Warum auch nicht?

4. Por No!
»Ich schaue keine Pornos« ...
und was Pornoqueen
Lena Nitro mir sonst noch zu sagen hat

Ich habe mich mit Lena Nitro unterhalten. Sie ist Mitte zwanzig und seit einigen Jahren ziemlich weit vorn in der Branche. Sie hat die »Venus«, die wichtigste Auszeichnung in diesem Geschäft überhaupt, so etwas wie der Oscar der Pornoindustrie, bekommen. Lena Nitro ist klein, zierlich und weiß ganz genau, was sie will. Nämlich Pornos drehen.

Ihre Mutter hat 2011 in einer einschlägigen Gazette zugegeben, dass sie weinte, als sie erfahren hat, dass die Tochter eine professionelle Erotikdarstellerin werden will. Aber unter uns Gebetsschwestern, bei dieser Mutter handelt es sich um Saskia Farell, und die ist im Erotik-Karussell zu Hause wie kaum eine Zweite. Sie veranstaltet Erotik-Events und mischt auch selbst mal so mit, dass der Spruch »nicht von schlechten Eltern« ziemlich passend ist, wenn man auf Doppeldeutigkeit steht. Vielleicht hat sie ja vor Freude geweint. Das immerhin ist möglich. Ihre Tochter Lena ist mittlerweile so richtig gut im Geschäft. Die Frage, die sich bei »so was« immer alle zuerst stellen, ist: Ja, warum um alles in der Welt will denn ein gesundes junges Mädchen Pornos drehen?

Lassen Sie uns mal gemeinsam nachdenken: Was macht denn ein junges Mädchen, wenn es feststellt, dass es unheimlich gern neue Rezepte ausprobiert, es toll findet, stundenlang in der Küche zu stehen, Petersilie zu wiegen, Wiener Schnitzel zu panieren, und froh darüber ist, wenn es den Menschen schmeckt? Richtig! Sie wird Köchin!

So einfach ist das. So was Ähnliches ist auch Lena Nitro widerfahren. Und wer wie sie gern Swingerpartys besucht, ist naturgemäß nicht besonders verklemmt, wenn es darum geht, einen Schritt weiter zu gehen.

»Ich habe mich nirgendwo beworben«, erzählt sie. »Ich war auf einer Internetseite für Swinger registriert, dort hat mich ein Darsteller gefunden, angeschrieben und wollte mich für einen Vivian-Schmitt-Film (auch eine Erotikdarstellerin) buchen. Das hat mich total neugierig gemacht. Und das habe ich dann ausprobiert. Mein Exfreund Aaron, der übrigens auch Pornos dreht, fand es gut, ihm hab ich's zuerst erzählt – den anderen erst, als der Film rauskam.«

Das ist jetzt schon ein paar Jahre her, seitdem ging's steil bergauf, und im Januar 2013 wurde Lena mit 30,68 Prozent aller Stimmen vom Portal *Erotic Lounge* zum Pornostar des Jahres gewählt. Noch vor Vivian Schmitt übrigens. Fragt man sie nach ihrem Erfolgsgeheimnis und hört die Antworten, könnten die auch von Angela Merkel sein: Pünktlichkeit, Disziplin, Authentizität, Ehrlichkeit und die Gewissheit, dass es »in meiner Branche wenige echte Freunde gibt und der Neid schon groß ist«.

Außerdem wollte Lena damals, ganz am Anfang, als die erste Anfrage kam, mal wissen, ob sie das eigentlich auch so gut kann wie ihr damaliger Freund Aaron. »Der hatte auch schon mit Vivian gearbeitet, da war ich neidisch und dachte so für mich: Was der kann, kann ich auch.« Ganz offenbar.

Lena hat mit dem uns bekannten Harry S. Morgan gedreht. Ich hab nie mit ihm gearbeitet, aber hatte damals, als ich »Trieb« moderiert habe, mit ihm ein Interview geführt. Ein netter Mann, der mir danach immer das Magazin »Happy Weekend« in die Redaktion schickte, ein ziemlich dickes Heft, in dem private Sexanzeigen zu finden waren, Swingerannoncen und was weiß ich nicht alles, in denen viele Inserenten – wie schon erwähnt – auch ihre Telefonnummern mit angegeben hatten. Gern erinnert sich die gesamte Redaktion an Freitagnachmittage Ende der neunziger Jahre im Sender, an denen aus der Kantine mehrere Flaschen Sekt geholt und dann bei diversen Nummern angerufen und die Leute, nun sagen wir mal, ein bisschen auf die Schippe genommen wurden. Natürlich war das irgendwie fies, denn niemand von uns wollte sich ja wirklich mit den Leuten treffen, aber nach einigen Gläsern Sekt ist man da hemmungslos. Wir haben also die Nummern angerufen, devote Männer »Alle Vöglein sind schon da« singen lassen, wir haben einen Mann, der angeblich keine Tabus hatte, abends in eine immer sehr gut besuchte Kneipe bestellt, dort sollte er auf eine von uns warten und als Erkennungszeichen ein Blatt mit einem aufgemalten Herzen hochhalten, was er erst nicht wollte, weil ihm das so peinlich war. Dann sind wir angeschickert mit der U-Bahn zu dieser Kneipe gefahren, und er stand da mit dem Blatt, alle glotzten ihn an, als hätte er nicht mehr alle Kirschen am Baum, und wir haben geschrien vor Lachen, während er natürlich stocksauer war. Herrlich war das.

Aber wo war ich? Richtig, bei Lena Nitro. Schrecklich, ich schweife immer ab, weil mir plötzlich so viele Sachen wieder einfallen.

Eigentlich, so musste ich während des Gesprächs mit Lena feststellen, ist diese Erotikbranche ziemlich unspektakulär. Schaut man hinter die Bühne, ist es halbwegs ernüchternd. Wenn Theaterschauspieler die Schminke abwischen und man die Bühne ohne kunstvolle Beleuchtung sieht, ist das ja auch nicht mehr so aufregend.

»An einem Drehtag geht es morgens um neun Uhr los. Wir gehen in die Maske, die Haare werden gemacht, dann beginnt der Dreh. Es ist einfach meine Arbeit – wir versuchen, zwei bis vier Szenen an einem Tag zu drehen, danach reicht es auch. Nach einem Drehtag bin ich total fertig. Ist halt körperliche Arbeit.«

Wenn man es also mal genau betrachtet, ist ein Drehtag vergleichbar mit dem Job einer Hausfrau. Die ist auch am Abend von der körperlichen Arbeit fertig.

»Meine Mutter steht hinter mir, der Rest der Familie ist eher skeptisch«, sagt Lena. »Das ist natürlich nicht der Job, den mein Vater sich für mich gewünscht hat. Mein Bruder ist auch nicht sooo begeistert. Und zum Rest der Familie habe ich keinen Kontakt. Ich bin glücklich darüber, dass ich das so gemacht habe, und damit Schluss.«

»Siehst du dir selbst Pornos an?«

»Nein«, sagt Lena. »Ich war noch nie der Pornoschauer. Klar, ich guck mal in meine eigenen Filme rein, um zu sehen, ob das Bild okay ist, aber dann schalte ich ganz schnell wieder aus. Ist nicht so mein Ding.«

Ihr Ding ist eher der Orgasmus. »Ich bekomme oft einen. Kommt aber immer drauf an, wie mein Partner und ich so drauf sind. Im Idealfall in jeder Szene.«

Wenn der Mann kommt, ist es wichtig, dass man das Sperma auch sieht, hab ich gelernt. Das Auge isst ja mit. Außerdem kann der Mann ja sonst immer behaupten, er sei gekommen.

Dann natürlich die Gesundheitsfrage. Kann man das überhaupt hunderprozentig kontrollieren?

»Jeder Darsteller muss einen Test haben, der aus fünf Untersuchungen besteht. Das Ganze darf nicht älter als zwei Wochen sein. Und ich persönlich versuche auch immer, mit denselben Männern zu drehen. Klar hab ich meine Favoriten. Mit Conny Dachs arbeite ich unheimlich gern zusammen.«

Der war, wie ich gelesen habe, im früheren Leben Animateur beim Robinson Club und hat Werbetechniker gelernt. Und er kommt aus – diesen Namen finde ich unheimlich groß – Georgsmarienhütte. Ich kenne niemanden, der daher kommt. Conny Dachs heißt eigentlich Michael Konrad, ist 1963 geboren, dreht seit 1995 Pornos und ist derzeit der begehrteste Darsteller in Europa. Sein erster Film hieß »Das frivole Gasthaus«. Conny Dachs heißt übrigens so, wie er heißt, weil Conny von Konrad kommt und er sich auf einem Dreh mit Harry S. Morgan mal über Aktien unterhalten hat. Eigentlich sollte er dann Conny Dax heißen, aber alle Magazine schrieben Dachs, also haben sie es dabei gelassen. Seit seinem ersten Film hat er, wie er sagt, 500 bis 800 weitere gedreht, was ich, und jetzt bringe ich mal meine persönliche Meinung mit hier rein, doch recht enorm finde. Sein Lieblingsfilm ist: »Dr. Ulf, der Arzt, dem die Frauen vertrauen«. Das ist ein Film, in dem er alle Rollen selbst spielt, einen türkischen Klempner zum Beispiel oder einen Taxifahrer. Drogen wie Kokain oder auch Viagra sind für ihn persönlich übrigens tabu. Er hat eine wirklich hervorragende Potenz. Aber er sieht seinen Job als Pornodarsteller nicht als Traumjob, und er würde niemandem empfehlen, das zu machen, weil die Szene sich sehr geändert habe. Viele Leute machten das nur, um einen gewissen Status zu erreichen, und jeder, der eine Kamera halten könne, sei plötzlich Regisseur, so sagt er in dem Interview. Früher seien das alles ausgebildete Leute gewesen. Also richtige Kameramänner und richtige Regisseure. Ein Regisseur kann ja auch Regisseur sein, wenn er Pornos dreht. Die Grundarbeit ist dieselbe. Aber Conny Dachs ist im Großen und Ganzen zufrieden mit seinem Job.

»Ich mache weiter, solange es mir Spaß macht«, sagt Lena, und ich persönlich sage: Ja, warum auch nicht? Die Leute, die

die Nase rümpfen über die lasterhaften Menschen, die es wagen, in Pornofilmen mitzuwirken, haben meistens mehr Dreck am Stecken als die, die dazu stehen.

Aber ganz ehrlich, das, was Lena Nitro und alle anderen da vor der Kamera machen, ist doch wirklich okay.

Es ist eben ehrlich.

Es ist ein Job.

Lena Nitro ist bei Videorama unter Vertrag, und auch dort habe ich mal ein bisschen hinter die Kulissen geschaut. Thorsten Wilms, Pressesprecher von SILWA-Film und Chefredakteur vom Sexkontakt-Magazin »Happy Weekend« hat sich mit mir unterhalten. Unter anderem hat mich interessiert, welche Filme momentan am besten laufen:

»Die sogenannten ›Trailer‹«, erzählt er. »Das sind zwei- bis vierstündige Zusammenstellungen von verschiedenen Filmen mit bestimmten Themen. Zum Beispiel ›Dicke Titten‹. Der Kunde hat dann wohl das Gefühl, mehr für sein Geld zu bekommen. Direkt danach folgen die Filme mit den von uns groß gemachten Stars, hier ist Vivian Schmitt momentan die gefragteste Darstellerin.«

»Habt ihr einen typischen Achtstundentag?«

»Nein, ganz sicher nicht. Meistens dauern die Drehs bis zum späten Abend. Danach sind natürlich alle fertig.«

»Und wie sieht es mit dem Honorar aus?«

»Es wird pro Szene bezahlt. 150 Euro bekommt der Mann, 250 die Frau. Für Specials, also einen Dreier, Analverkehr und so was, wird mehr bezahlt. Und ganz klar: Bekannte Namen verdienen mehr, Exklusivstars haben ein monatliches Festgehalt.«

»Gibt es momentan einen besonderen Trend?«

»Nein, einen wirklichen Trend gibt es derzeit nicht, nachdem der ›Amateur-Sex‹ quasi im Profi-Bereich angekommen ist. Mittlerweile gibt es für jedes Faible entsprechende Produkte, allerdings laufen härtere Filme oft besser als softere, da die Extrem-Klientel nicht so viel Auswahl hat und dann eher zugreift.«

»Welcher Film ist bislang bei Videorama am besten gelaufen?«

»Ganz klar die komplette Gina-Wild-Reihe. Darauf folgen Filme mit Vivian Schmitt.«

Was mich ganz besonders interessierte: Wie schaffen es die Männer, so leistungsfähig zu sein? (Conny Dachs, das wissen wir schon, verzichtet auf Viagra und Co., aber ist er die Ausnahme?)

»Die Männer tun schon was dafür«, erklärt Wilms. »Manche essen eiweißhaltige Sachen, damit mehr Sperma produziert wird. Ob das was bringt, weiß ich allerdings nicht.« Er lacht. »Und ja, manche nehmen vorher Viagra. Früher haben sich einige sogar manchmal die Schwellkörper mit Salzlösung aufgespritzt, damit sie eine Erektion bekommen haben.«

»Der momentane Shootingstar Lena Nitro, mit der ich ja auch gesprochen habe, ist ja mal ganz anders als die anderen. Gina Wild und Vivian Schmitt, die haben dicke Brüste und sind nicht so zierlich wie Lena, wie kommt es, dass die Männer so auf Lena abfahren, die ja eine eher knabenhafte Figur hat?«

»Lena verkörpert eben das Bild der jungen und unerfahrenen Frau, die aber dann im Bett total versaut ist. Das ist quasi der Gegenentwurf zum klassischen blonden, dickbrüstigen Pornostar.«

»Wie viele Filme produziert Videorama pro Jahr?«

»Wir veröffentlichen fünf Neuheiten im Monat, dabei ist aber auch immer Lizenzware aus den USA. Produziert werden ca. 40 Filme pro Jahr.«

Und jetzt zu meiner Lieblingsfrage: »Glaubst du, dass ein Porno eine Handlung haben muss? Viele sagen ja, dass Frauen immer Pornos mit Handlung wollen.«

»Wenn ich persönlich gefragt werde: ja. Ich finde die Hinleitung zum Sex genauso wichtig wie den Sex selbst. Aber die Verkäufe zeigen eben, dass Filme, in denen mehr Sex auf Kosten der Handlung gezeigt wird, besser laufen. Sogar viele Käuferinnen behaupten, dass es ihnen beim Porno nur auf die Sexszenen ankommt.« Jetzt sagt es sogar der Fachmann!

»Und wie sieht es mit Gesundheit aus? Wie sind da bei euch die Regeln?«

»Ganz klar: ohne Volltest kein Dreh. Der Test darf nicht älter als eine Woche sein.«

»Was macht ihr eigentlich, wenn ihr merkt, dass Darsteller nicht miteinander können? Kommt das vor?«

»Klar. Meist merken sie es nicht vorher, sondern erst beim Dreh. Wenn sie es vorher merken, sind sie eher so professionell, dass sie die Szene durchziehen. Generell darf jeder äußern, mit wem er oder sie nicht drehen will, und darauf wird Rücksicht genommen.«

»Gibt es Zickigkeiten, und wenn ja, welcher Art?«

»Ach ja, immer mal wieder. Aber bisher nur unter Frauen. Manche fühlen sich durch jüngere Darstellerinnen bedroht, andere fürchten, dass man ihnen das Rampenlicht streitig machen könnte, manche sind einfach generell zickig und schlecht gelaunt. Meist läuft die Zickigkeit hinten herum, durch Lästereien. Oder die Damen wollen nicht zusammen drehen. Das ist dann manchmal gar nicht so einfach.«

»Phänomen Conny Dachs – der ist ja momentan super erfolgreich. Wie erklärst du dir das?«

»Er ist der Kumpel-Typ, der vernünftig aussieht, ohne ein Schönling zu sein. Sein Schwanz ist normal groß, das stört die männlichen Zuschauer dann nicht weiter. Außerdem ist er witzig, sympathisch und ein guter Schauspieler.«

»Die Pornoschauer sind eifersüchtig auf Darsteller mit längeren Schwänzen als ihr eigener?«

»Ja. Das ist wirklich so.«

»Viele Frauen sind ja auch neidisch auf Frauen mit größerem Busen.«

»Siehst du.«

»Was war an Harry S. Morgan so besonders?«

»Harry hatte ein Gespür für Stars und Geschichten, war gelernter Journalist und hat in seiner Karriere Hunderte von Menschen beim Sex in ihren Schlafzimmern gefilmt. Er hatte einfach eine Nase für Trends und sorgte mit dafür, dass Porno Einzug in den Mainstream gehalten hat, indem er auch ganz unspektakuläre Leute filmte. Zudem war er ein gern gesehener Gesprächspartner für Journalisten, so dass er durch viele Reportagen bekannt wurde.«

»Gebt ihr Job-Tipps für später, also ratet ihr den Darstellern, sich was anderes aufzubauen?«

»Ja. Immer! Sina Berger, einer unserer Neuzugänge, ist 19 und macht gerade ihr Abitur. Wir legen alle Drehs und Termine so, dass sie problemlos weiter zur Schule gehen und lernen kann. Das ist ja wohl klar.«

5. Können wir Ihnen helfen?
Alles über Sexhilfsmittel

Achtung, Witz:
Was ist eine Gummipuppe mit weißen Augen? Voll.

Internetfund des Tages:
Einzeln eingeführt verleiht FLEXI FELIX bereits ein ganz besonderes Empfinden, das Herausziehen aber beschert eine kleine Explosion. FLEXI FELIX hat ein freundliches Käfergesicht, das zum Herausziehen der Kette dient.

Die Zeiten, in denen Mann und Frau im Schlafzimmer normal kopulierten und sich im Zuge dessen auch selbst genug waren, gehören offenbar schon lange der Vergangenheit an. Jedenfalls kommt mir das so vor, wenn ich mich so umsehe in der fabelhaften Welt der Erotikhilfsmittel. Das fängt schon mit diesen sogenannten *Models* an.

Wenn ich mir die Damen anschaue, die in diesen Erotikversandhauskatalogen Dessous oder Dildos feilbieten, frage ich mich, warum diese Frauen grundsätzlich so verdammt blöd gucken. Sie lecken sich unentwegt die Lippen, verfügen über anoperierte Schlupflider, eine Haarverlängerung und ballonartige Titten. Manchmal weht eine Sprechblase über einer der Frauen, und darin steht dann so was wie: »Ich bin wild und nass und dauergeil! Uuuuh!« Dieses »Uuuuh« verwirrt mich. Was will die Frau uns damit sagen? Hat sie Angst? Eine Sprachstörung? Ist ihr kalt? Hat sie Respekt vor der aggressiven Gilakrustenechse, die da gerade um die Ecke kommt? Oder macht man automatisch »Uuuuh!«, wenn man wild und nass und dauergeil ist? Ich bin noch nicht dahintergekommen. Ich glaube, die Frauen auch nicht.

Frauen sind wandelnde Orgasmuswunder. Sie denken an nichts anderes als ans Ficken, auch wenn sie mit einem Blinddarmdurchbruch im Krankenwagen liegen. Die blasen dem Anästhesisten noch einen, während die Vollnarkose gerade mal eben so zu wirken beginnt. So soll es jedenfalls rüberkommen, und man *wird* sozusagen wie diese Frauen, wenn man eine Frau ist und aus diesen Katalogen Sachen bestellt. Aber warum glotzen die Models so doof? Ich wollte das wissen, habe bei einem Erotikkaufhaus angerufen und wurde direkt direkt:

»Warum haben die Frauen in Ihren Katalogen immer dumme Gesichter, Schmollmünder oder einen Finger im Mund?«

»Wie bitte?«

»Haben Sie meine Frage nicht verstanden?«

»Doch, aber ich verstehe die Frage nicht.«

»Was gibt es denn daran nicht zu verstehen?«

»Das hat mich noch niemand gefragt, und ich sitze jetzt hier schon über zehn Jahre in der Zentrale.«

»Dann wird es doch mal Zeit, oder? Und Abwechslung ist doch auch mal schön.«

Die Frau schnaubte ein bisschen. Sie schien nachzudenken.

»Ich verbinde Sie mal weiter.«

Ich wurde dann zur Pressestelle verbunden und trug erneut meine Frage vor. Der Mann war aber schon von der Zentralenfrau informiert worden und besser vorbereitet, was ja bei Pressemenschen recht oft der Fall ist.

»Wir können doch keine Models nehmen, die aussehen wie Staatsanwältinnen oder Biochemikerinnen«, erklärte er mir freundlich. »Sex hat ja auch ein bisschen was Schmutziges, und sehr viele unsere Kunden wollen es ein bisschen frivol. Durch den visuellen Reiz einer blonden Frau mit großer Oberweite, die allein schon durch das Foto ausstrahlt, dass sie gerne Vibratoren benutzt und durchsichtige Chiffon-Dessous trägt, wird der Drang angeregt, etwas zu kaufen. Und viele Männer, deren Frauen nicht so gut aussehen wie unsere Models, übertragen das dann quasi auf die eigene. So nach dem Motto: Wenn sie das trägt, sieht sie genauso aus wie Bernadette oder Sandy.«

»Ach. Also ist das ein psychologischer Trick?«

»Wenn Sie es so ausdrücken wollen, ja.«

»Das ist dann so wie mit der Quengelware im Supermarkt«, sinnierte ich und meinte diese Süßigkeitenständer, die immer an den Kassen stehen und wegen denen schon Familien auseinandergebrochen sind. »Die Kinder wollen unbedingt was haben, schreien rum, werfen sich auf den Boden, und die Eltern sind restlos überfordert, weil alle in der Kassenschlange denken, sie hätten ihre Kinder nicht im Griff.«

»So ungefähr. Nur dass es bei uns keine Süßigkeiten sind. Und ich glaube, unsere Kunden schreien auch nicht und werfen sich auch nicht auf den Boden.«

»Vielen Dank.«

»Wieso wollten Sie das nun eigentlich wissen?«

»Ach, nur so.«

Ich blätterte dann weiter in den Katalogen und war bass erstaunt darüber, was es so alles gibt und was man damit machen kann. Beispielsweise das Model *The Wet Orgasm*. Hier handelt es sich um einen Vibrator mit den Maßen 22x4 (unten 4,5 cm), mit folgender Produktbeschreibung: *Füllen Sie ihn mit einer Flüssigkeit Ihrer Wahl und schmieren Sie Wet-Gleitmittel auf Ihre Vagina. Schieben Sie ihn dann langsam hinein. Spielen Sie mit ihm, bis Sie den Höhepunkt nahen füh-*

len («Uuuuh, Kleiner, ich spiel mit dir, bis ich den Orgasmus *nahen fühle*. Diese Redewendung macht mich noch mal geiler ...«). *Drücken Sie dann den Balg, und er kommt gemeinsam mit Ihnen! Herrlich! Mit Saugnapf für diverse Stellungen.*

Was heißt »Flüssigkeit Ihrer Wahl«? Die müssen mal aufpassen, was die da schreiben. Sonst könnte es sein, dass die ganz schnell eine Klage am Hals haben. Was ist, wenn man – nur mal so angenommen – kochende Milch oder Domestos in den *Wet Orgasm* einfüllt und der dann platzt? Eine Vorstellung, über die man besser nicht weiter nachdenken sollte. Man liest ja so viel. In den USA hat angeblich mal eine Frau einen Mikrowellenhersteller verklagt, weil in der Bedienungsanleitung nicht explizit stand, dass man keine Pudel in diesen Geräten trocknen darf.

Den Vibrator *Wet Orgasm* kann man übrigens bei Amazon bestellen, und da steht ja immer, was Kunden, die diesen Artikel gekauft haben, noch gekauft haben. Und da entdeckte ich: sechs Twist-Off-Marmeladengläser mit grünkariertem Deckel, acht paar farbige Kniestrümpfe, Sonnencreme und einen Massageball mit Igelnoppen!

Man sollte die Sexhilfsmittel natürlich nicht grundsätzlich ablehnen, aber irgendwie drängt sich der Verdacht auf, dass die einem einreden wollen, dass es ohne so *gar nicht mehr* geht. Eine Freundin von mir hat mir mal erzählt, dass sie überhaupt keine Lust mehr auf Sex habe, weil ihr Freund jeden Abend im Internet neue Sachen bestellt hat. Und die mussten natürlich ausprobiert werden. Am schlimmsten fand sie *I Rub My Duckie*. Dabei handelt es sich um DAS ORIGINAL! DAS EINZIG ECHTE! (Mich würde mal interessieren, wie Sotheby's *I Rub My Duckie* versteigern würde. Mit exakt diesen Worten?) Im Klartext: Es handelt sich um ein

Quietschentchen (wasserdicht, das wird extra noch erwähnt) für die Badewanne. Man muss Duckie mit in die Wanne nehmen und dann auf seinen Rücken drücken. Dann kann man das Ding auf die Klitoris stellen, und der kleine Schelm, so schreibt es der Hersteller, sticht sofort in See. Soll heißen, durch die Vibration auf dem Kitzler kommt man zum Orgasmus. Wenn alles gut läuft. Es ist nur blöd, wenn Duckie runterfällt, so ist es meiner Freundin nämlich passiert. Duckie verschwand, wahrscheinlich durch die Vibration, im Wasser und flutschte ihr unter Bergen von Badeschaum immer wieder davon. Eine hektische Suche auf dem Wannenboden begann, was dieser sowieso schon prickelnden erotischen Situation noch mal die Krone aufsetzte. Stella war genervt, und ihr Freund, der vor der Badewanne saß und eigentlich zusehen wollte, wie ein Hilfsmittel seine Freundin »verwöhnte«, war ebenfalls genervt. Ich weiß, dass die beiden an diesem Abend definitiv keinen Sex mehr hatten. Duckie gibt es übrigens in vielen Varianten, da hat sich der Hersteller viel Mühe gegeben. Es gibt eine normale gelbe Ente, es gibt ein *Bondage-Duckie*, das ist geknebelt und trägt einen ledernen Anzug, es gibt *Paris Rose*, das hat dann eine Federboa um (wie das mit dem Wasser kompatibel ist? Ganz einfach, man nimmt die Federboa vorher ab! Hat einen Klettverschluss. Klug!), dann gibt es *Devil-Duckie*, das hat einen roten Umhang um und trägt Hörner, und einen *Pirate-Duckie* mit Augenklappe, Dreispitz und Uniform. Die Dinger kosten übrigens alle um die 20 Euro! Und jetzt kann ich das Wort Duckie nicht mehr hören.

Eine andere Freundin von mir hatte sich auf Wunsch ihres damals Noch-Ehemannes »Liebeskugeln to go« eingeführt. In der Produktbeschreibung stand, dass man mit den Teilen intus »ein ununterbrochenes Geilheitsgefühl« hätte. Sie fragte sich damals zwar, wozu sie geil sein müsse, wenn sie einkaufen geht, hat sich aber von ihrem Mann überreden lassen, der die Vorstellung, dass sie mit den Dingern an der Frischwursttheke steht, unglaublich erregend fand. Was die beiden nicht gelesen hatten, war das Kleingedruckte auf der Verpackung. Da stand nämlich, dass man die Dinger am besten nur in der Wohnung tragen sollte, da »Verlustgefahr« bestünde. Und so war's dann auch. An der Kasse vom Rewe-Markt musste B., die sowieso schon völlig verkrampft war und gelaufen ist wie mit einer Gehbehinderung, niesen (es war Frühling – die Pollen, die Pollen), und die Liebeskugeln machten tatsächlich »go«, und zwar auf den Fliesenboden, direkt neben dem Ständer mit den Kaugummis. Geil geworden war sie übrigens so *gar nicht*. Ihr war das unglaublich peinlich. Die Leute haben natürlich alle geschaut, weil die Kugeln laut geklackert haben, als sie auf den Steinboden trafen, und wichen pikiert zurück. B. überlegte sich, alles zu erklären, aber wie hätte sie das rüberbringen sollen, ohne für bekloppt gehalten zu werden? Und weil sie aber unbedingt irgendwas sagen wollte, sagte sie: »Mein Mann wollte das so«, was natürlich total schwachsinnig war. Wie gesagt, die beiden sind nicht mehr zusammen.

Kommen wir zum Vibrator. Dieses Teil hat eine in der Tat lange Geschichte! Der erste bekannte Vibrator stammt aus den Zeiten von Kleopatra. Da gab es noch keine Batterien, und die Angestellten mussten im alten Ägypten auf Fliegenfang gehen, um den ersten Vibrator funktionsfähig zu machen. Die Fliegen, die natürlich herumtobten, wurden in zu Tüten gerollten Papyrus gesteckt und brachten Freude in der ägyptischen Damenwelt auf. Später, im Mittelalter, hieß es, der Vibrator habe eine »heilende Wirkung«. Alle möglichen

Krankheiten wurden durch die Anwendung eines Vibrators geheilt. Dann galt er als Bekämpfer von fraulicher Hysterie (eine Frau kam ja nicht zum Orgasmus, das war ja den Männern vorbehalten), und bevor im Jahr 1880 der erste elektrische Vibrator auf den Markt kam, kam oft der Arzt zum Hausbesuch und massierte die Frau mit der Hand oder mit einem Wasserstrahl. Die Frau hatte logischerweise Orgasmen, und es ging ihr besser. Heute sagt man ja auch noch: »Die ist so zickig, die ist bestimmt ungefickt.« Ist offenbar was Wahres dran!

Ab 1880 dann wurde es einfacher, die Frauen brauchten keinen Arzt mehr, sie nahmen den Vibrator, und nach zehn Minuten war die gute Laune wieder da. Der Vibrator war auch nicht verpönt, es war ganz normal, ihn zu benutzen. Es war ja ein medizinisches Gerät. Auch schon früher haben sich die Leute alles so hingeredet, wie sie es wollten. Die Vibratoren von damals sahen übrigens eher aus wie Bohrmaschinen oder sehr große und unhandliche Föns. Nicht sehr vertrauenerweckend. Aber ist es heute besser?

Beim Durchblättern der Kataloge und beim Surfen im Internet keimte in mir nämlich eine Frage auf (und zwar deswegen, weil, gibt man bei Google »Vibrator« ein, 33 000 000 Ergebnisse kommen, Stand März 2014): Warum braucht man für die Nachbildung eines Schwanzes so unendlich viele Variationen?

Es gibt rote, blaue, lilafarbene, grüne, anthrazitfarbene, kackbraune, algenfarbene, es gibt geäderte (ein grau-en-haftes Wort!), nichtgeäderte, gebogene, spitze, zu kleine, zu große, doppelte, es gibt Delphin-Vibratoren, welche, die aussehen wie eine Wampe, die aus mehreren Ringen besteht, es gibt Vibratoren, die aussehen wie grenzdebile Kleinnager – meine Güte, allein diese Vielfalt könnte ein Buch füllen.

Wer möchte von diesen Nagern vaginal verwöhnt werden? Ich habe mich umgehört: Niemand möchte das! Das ist schade, denn ich würde gern jemanden kennen, der das praktiziert, weil ich wissen will, warum man einen Nager zur Befriedigung verwenden muss. Außerdem sieht man den Vibrator doch gar nicht, wenn man ihn benutzt. Die Leute, die ich gefragt habe, stellen sich ihre Vibratoren auch nicht ins Regal, nein, der wird weggepackt. Natürlich gibt es ein paar Designerstücke, die total teuer sind, und wenn man die noch nicht benutzt hat, kann man sie sich aus Gag auch hinstellen.

Ich habe also selbst getestet: Nein, er muss nicht geädert sein. Man spürt nichts von der Äderung. Man spürt auch nichts von der Farbe.

Ein anderes Phänomen: geile Outfits. Gut, das sind jetzt nicht wirklich Hilfsmittel, aber sie sollen helfen, geil zu werden. Das ist schön, aber die Qualität von den Sachen, die normalpreisig sind, lässt wirklich zu wünschen übrig. Das Modell *Touch Fever* (aus einem Stoff, der, wenn man ihn berührt, sofort alles im Unterleib a) feucht werden und/oder b) anschwellen lässt) macht seinem Namen alle Ehre. Ich habe das Teil getragen. Der rote Stoff färbt nämlich ab, und man sieht wahlweise so aus, als sei man in Tomatensuppe geschwommen oder hat tatsächlich Fieber. Oder Masern. Nach einmal Waschen wird aus *Touch Fever* eine Synthetikwurst ohne Form.

Dann hatte ich noch Corsagen mit Strapsen und Korsetts bestellt, und auch hier stimmte das Preis-Leistungs-Verhältnis überhaupt nicht. Ein Korsett, bei dem aus Spargründen auf die Stäbe verzichtet wird, ist kein richtiges Korsett. Wenn man sich ein bisschen vornüber beugt, wölbt es sich so, dass man aussieht wie im neunten Monat schwanger. Und es sitzt schlicht beschissen. Wenn Strapse an Corsagen so befestigt sind, dass sie abreißen, bevor man sie zum ersten Mal an den Strumpf geklemmt hat, ist das auch nicht so toll. Fazit: Man muss bei diesen Dingen einfach mehr Geld ausgeben, sonst hat man gar nichts davon. Ich kenne auch keine Frau, die gern mit Corsagen in eine Änderungsschneiderei läuft.

Echte Korsetts übrigens, also solche, die früher täglich getragen wurden, saßen so fest, dass die Frauen Riechsalz brauchten, weil sie keine Luft mehr bekamen. Und Organe wurden beschädigt. Dafür war die Haltung klasse. Da sagte keine Mutter: »Geh mal gerade, sonst kriegst du einen krummen Rücken.« Die Stäbchen wurden aus den Knochen von Bartenwalen hergestellt, weil sie gleichzeitig fest und biegsam waren. Diese Walart wurde deswegen fast ausgerottet. Ich bin Besitzerin eines solchen Korsetts aus dem Jahre 1898. Eines Tages hatte ich den Fehler gemacht, es zu waschen. Danach hat es entsetzlich gestunken, was wohl an den Walknochen lag. Furchtbar.

Wer ein Korsett besitzt, sollte es – auch wenn es heutzutage keine Fischknochen mehr hat – nie in die Waschmaschine stecken. Entweder in die Reinigung geben oder lauwarm von Hand waschen. Und nicht zu oft.

So. Dann hab ich das auch gesagt.

Am allerschlimmsten allerdings (finden 18 Bekannte von mir, die ich gefragt habe) sind Dessous für Männer. Kerle, die so was tragen, müssen wahnsinnig sein oder das Selbstwertgefühl einer Qualle in der Sonne haben. Oder sie haben keine Frau. Oder sie denken, mit dem Modell *Mouth of the Wild Lion* kriegen sie auf der Maskenparty im Swingerclub endlich mal eine ab, weil der ockerfarbene Stringtanga mit Löwenmähne doch sehr erotisch ist!

Männer, die so etwas tragen, leben in einer Wohnung, die theoretisch, also wenn die Wohnung so aussieht wie die Dessous, wie folgt eingerichtet ist: Strukturtapeten mit Schlingpflanzen, ein Schuhschrank in Holzoptik und Thementeller an den Wänden sowie ein Ölbild mit dieser glutäugigen Zigeunerin in einer rotweißen Bluse, die sich aus einem Krug Wasser übers Dekolleté schüttet. Und mich schüttelt's bei dieser Vorstellung!

Typen, die sich Bodys bestellen, sind noch einen Tick schlimmer. Am besten noch Bodys in Tarnfarben oder – gibt's tatsächlich – in Rosa oder Flieder. Ich glaube, dass diese Männer sich unglaublich klasse finden und ihre Halbglatze auch. Weil sie ja zu ihnen gehört. Diese Männer tanzen an Fasching immer noch gern zur Polonäse Blankenese und greifen wem auch immer dann aber nicht von hinten an die Schultern, sondern grapschen relativ rücksichtslos direkt deren Titten an. Um dann zu sagen: »Ist doch Fasching!«

Was es sonst noch so Schönes für Männer gibt? Und wie die Männer wohl der Theorie nach so sind und welche Hobbys sie haben? Siehe Seite 82/83.

Natürlich gibt es auch Hilfsmittel, die ihr Berechtigungsdasein haben. Wobei der Name Hilfsmittel (erwähnte ich schon, dass ich das Wort furchtbar finde?) hier meiner Meinung nach nicht so wirklich angebracht ist. Hilfsmittel hört sich so an, als sei man zu doof, es sich ohne was selbst zu machen, oder als ob man ohne Hilfsmittel überhaupt nicht zum Höhepunkt kommen könnte:

Normaler Vibrator:
Mein Gott, wie lange dauert es durchschnittlich, bis eine Frau zum Höhepunkt kommt? Zehn Minuten, laut einer Umfrage. Allerdings muss man mit den Batterien aufpassen. Benutzt man den Vibrator nämlich eine Zeitlang nicht und dann wieder, könnte es sich beim Wiederverwenden so anfühlen, als würde sich ätzende Batterieflüssigkeit auf der Haut befinden. Und die grausame Wahrheit: Es befindet sich ätzende Batterieflüssigkeit auf der Haut. Weil Batterien nämlich auslaufen können. Passiert gern, wenn man einen Vibrator lange liegen lässt. Noch prickelnder wird das Ganze, wenn man sich vorher im Genitalbereich rasiert und die Haut dort noch empfindlicher als sonst ist. Mit Dildos ist das ungefährlicher, die haben nämlich keine Batterien. Also: am besten die Batterien nach jedem Gebrauch rausnehmen.

Liebeskugeln:
Sie fühlen sich einfach gut an, gerade wenn man rumläuft. Schöne Rotation, macht Lust auf mehr. Gute Qualität ist wichtig, zum Beispiel will niemand, dass die Verbindungsbänder reißen. Auf ein Prüfsiegel achten. Und: Die Dinger sind gut für die Vaginalmuskulatur. Wir erinnern uns an die entsetzliche Geschichte im Supermarkt und wollen das selbst nicht erleben. Deswegen bitte die Kugeln entweder a) nur zu Hause verwenden oder b) eine gut- und festsitzende Unterhose tragen. Ein Stringtanga nützt hier wenig.

Umschnalldildo:
Geht bei ihm und bei ihr. Ist auch mal ganz geil für zwischendurch, wenn er eine Pause braucht, sie aber weitermachen will. Bei vielen Umschnalldildos ist es leider so, dass das, was man sich umschnallt, aus einem Gummizug besteht. Soll

Das trägt er:	So heißt er:	Diese Hobbys hat er:	So ist seine Wohnung eingerichtet:
Eine enganliegende Synthetikunterhose mit aufgedruckter Kuckucksuhr, in der Mitte ein Reißverschluss, aus der Öffnung ragt der Schwanz, und erwartungsfroh sind schon mal rechts und links zwei Frauen aufgedruckt, die aus der Uhr schauen und bewundernd den Schwanz betrachten (damit er nicht traurig ist, wenn seine eigene Frau sich nicht freut)	Sepp Günther Alois Hubert Franzl Manni	Glotzt gern im Biergarten sitzend dicke Titten an. Findet sich leider auch noch supergeil dabei	Wurzelseppen, Kaktus und beiges Sofa. Schon etwas abgetretener Teppich. Tassen mit Sprüchen drauf (»Mutti ist die Beste«)
Eine frittengelbe Unterhose, mittig kann man den Schwanz reinstecken, dann sieht es aus wie eine große Pommes, rechts und links kommen die Eier rein, das soll dann aussehen wie Ketchup und Mayo	Günni (eine andere Möglichkeit gibt es nicht)	Seine Stammtischbrüder und die total lustigen Witze, die sie immer alle machen	Poster mit Blondinen, die nackt auf der Kühlerhaube eines Traktors sitzen und grenzdebil grinsen. Bett mit Radio in der Mitte. Linoleumboden. Kunstpflanzen. Balkon, auf dem Getränke stehen

Eigentlich normale Shorts, wenn da nicht der Spruch ICH BIN DER GRÖSSTE stünde	Horst oder Horst. Vielleicht auch Horst	Er ist schon über 40, geht aber immer noch auf Ü-30-Partys, weil er ein junggebliebener, agiler Typ ist, der genau weiß, was Frauen wollen	Schwarz und Chrom. Und Spiegel. Und ein gut sichtbarer, den Raum dominierender Flachbildfernseher, den er ratenweise abbezahlt, genau wie die X-Box, Nintendo und den ganzen anderen Kram. An der Wand hängen Poster mit der New Yorker Skyline oder der Golden Gate Bridge
Goldener Stringtanga mit Strass-Steinchen drauf	Jonas André Martin Kevin Bobby	»Das Haus am Eaton Place«, »Nur die Liebe zählt«, »Vermisst«, »Die Dornenvögel«, »Unser Lehrer Doktor Specht«	Ganz viel Brokat, ganz viel Plüsch, ganz viel Gold und irgendwann ganz viel Einsicht, nämlich dann, wenn er sich endlich eingesteht, schwul zu sein

heißen, dass man den eigentlichen Dildo während des ganzen Aktes festhalten muss, weil Gummibänder nämlich dehnbar sind. Nicht zu empfehlen. Da hat einer nicht wirklich nachgedacht. Wenn ich das Ding dauernd festhalten muss, kann man sich das Umschnallzeug doch auch gleich sparen. Sehr zu empfehlen aber ist die Luxusvariante aus verstellbarem, festen Leder. Sitzt eng und verrutscht nicht. Es sitzt sogar so eng, dass man glatt vergessen könnte, es nach dem Sex abzuschnallen. Deswegen erst mal an sich runtergucken, bevor man dem Pizzaboten nach Ende des geilen Abends die Tür aufmacht. Wobei – so kommt man auch mal ins Gespräch, und schon hat man jemand Neuen kennengelernt. Und wer weiß, vielleicht ergibt sich so ein netter Kontakt für einen flotten Dreier. Aber dazu später mehr.

Butt-Plug:
Sieht so ähnlich aus wie Liebeskugeln, nur dass es keine Verbindungsschnüre gibt, sondern alles ist aus einem Guss, sprich größere und kleinere Kugeln sind fest miteinander verbunden. Wird anal benutzt. Bei ihr oder ihm, gibt es mit oder ohne Vibration. Wenn man das Teil intus hat und dann »normalen« Sex macht, ist das schon was! Achtung: Bitte nach Gebrauch saubermachen, bitte nach Gebrauch saubermachen, bitte … Im Hintern sind viele Bakterien. Man sollte sowieso alles nach Gebrauch saubermachen, aber einen Butt-Plug und alles sonst, was im Po gesteckt hat, besonders gründlich. Was? Saubermachen!

Wasserstrahl:
Hört sich langweilig an, ist es aber gar nicht. Für beide geeignet. Rein in die Wanne oder die Dusche, und los. Wenn man zusammen in der Wanne liegt, kann man es sich gegenseitig

besorgen und dabei noch dem Partner zuschauen; alleine geht's auch super. Ein harter Wasserstrahl kann sehr orgasmusfördernd sein. Übrigens eignen sich verstellbare Duschköpfe mit diversen Strahlhärtegraden besonders gut. Man kann den Kopf aber auch einfach abschrauben. Kein Aber. Absolut kein Aber. Was soll schon passieren? Jeder normale Mensch denkt dran, das Wasser hinterher abzudrehen.

Die eigenen Finger:
Die hängen am eigenen Körper, und der weiß bekanntlich am besten, was er braucht. Ist natürlich auf Dauer langweilig. Dann können es ja auch mal die Finger des Partners sein.

Wie erwähnt, kosten gute Dinge Geld. Das haben schon viele Menschen gemerkt, die beispielsweise ein Haus gebaut haben. Deswegen wurde der Baumarkt erfunden. Man kann einen Geräteschuppen nämlich fertig kaufen oder selbst machen. Dabei spart man Geld. Dafür gibt man seine Arbeitskraft in Zahlung. Warum also nicht auch beim Sex ein bisschen sparen?

6. Für Hobbybastler bestens geeignet: Ich hab's mir selbst gemacht!

Mein ehemaliger Kollege Tim besucht mich regelmäßig in Hamburg. So auch neulich. Wir freuten uns wie immer, wenn wir uns sehen, redeten wie immer ununterbrochen und gingen dann irgendwann in die Küche, weil ich ihm versprochen hatte, Gulasch mit Klößen und Gurkensalat zu machen. Tim setzte sich auf einen Stuhl, sah sich so in der Küche um, sein Blick blieb am alten Küchenbüfett meiner Großmutter hängen – und dann sagte er gar nichts mehr. Es war so, als hätte er die Sprache verloren. Ich wunderte mich, fragte, was er habe, bekam aber nur ein lapidares »Nichts, nichts« zur Antwort. Ich hatte Angst, dass das was mit dem Essen zu tun hatte, aber sein Appetit war gut wie immer.

Der restliche Abend verlief eher schleppend, es wollte keine rechte Stimmung mehr aufkommen. Erst Tage später habe ich herausgefunden, *warum* Tim so reagiert hatte. Nicht, dass er es mir selbst gesagt hätte, nein, ich hab es über vier oder sieben Ecken erfahren: Es war wegen meiner *Muskatreibe*, die in Omas Küchenschrank präsent hinter der Glasscheibe stand. Tim war entsetzt, als er sah, dass ich einen Vibrator im Küchenschrank aufbewahre, und hat diese Geschichte allen möglichen Leuten erzählt, und natürlich war es dann irgendwann keine Muskatreibe mehr, sondern eine Selbstbefriedigungs-Handgranate, beziehungsweise etwas, »das man mit Worten gar nicht mehr beschreiben kann«.

»Seitdem sie in Hamburg wohnt, ist sie pervers«, war auch

so ein Satz, den ich zugetragen bekam (während eines Telefonats mit einem gemeinsamen Freund, den ich per Fernbefehl zu erhöhtem Alkoholkonsum und somit zu einer gelockerten Zunge gezwungen hatte). Sogar auf Facebook wurde meine Perversion diskutiert, dankenswerterweise ohne mich namentlich zu nennen. Ich hatte sogar noch mitdiskutiert, bis ich irgendwann auf den Trichter kam, dass es um mich ging.

Ich habe Tim dann angerufen und ihn gefragt, was das solle. Er wollte sich nicht dazu äußern. Auch nachdem ich sagte, es handle sich bei dem vermeintlichen Vibrator um eine stinknormale Muskatreibe, lachte er nur kehlig auf und behauptete, ich sei eine Lügnerin. Vielleicht war er ja nur sauer darüber, dass es eine so langweilige und gar nicht perverse Erklärung für das vermeintliche Küchenschrank-Drama gab?

Nachdem ich mich abgeregt hatte, habe ich mir die Muskatreibe dann mal ein wenig näher angeschaut und musste feststellen, dass eine gewisse Ähnlichkeit mit einem Vibrator oder Dildo nicht zu verleugnen ist. Die Erhebungen an der Seite könnte man auch gut für Noppen halten. Gut, Batterien fehlen, aber das kann man nun mal nicht ändern. Ändern kann man allerdings auch nicht den Blutverlust von ungefähr zwei Litern, der nach Anwendung einer Muskatreibe im Genitalbereich bleibende Erinnerungen hinterlässt. Also: Hände weg von so was, um mal wieder zum Ursprungsthema (ich schweife immer ab, das tut mir echt leid, aber was soll man tun, wenn einem zu dem Thema so viel durch den Kopf wirbelt?) zurückzukommen.

Auch die Idee, einen *Stabmixer* mal zweckzuentfremden, wird gründlich in die Hose gehen, es sei denn, man mag pürierte Schamlippen.

Und der *Handmixer* mit den zwei lustigen Quirlen, die man, so man denn ein Profigerät sein Eigen nennt, bis zur Geschwindigkeitsstufe drei aufdrehen kann, mixt dann nicht die Hand, sondern sorgt dafür, dass man den Rest seines Lebens mit dem Handmixer zubringen und sich mit ihm unterhalten kann, weil man nämlich keinen Sex mehr haben wird. Weil sich der Handmixer nämlich unwiederbringlich in unserem Unterleib festgemixt hat.

Sowieso: Alles, was mit echtem Strom zu tun hat, gehört nicht in und auch nicht in die Nähe des Unterleibes – auch dann nicht, wenn die Heizung ausgefallen ist, in der Wohnung minus fünfzehn Grad herrschen, sich überall schon lustige Eisskulpturen bilden und man sich an den Tauchsieder erinnert, der irgendwo in einer Kiste herumliegen muss und den man dann sucht, weil man scharf ist und auf den unsinnigen Gedanken gekommen ist, sich einen Tauchsieder einzuführen, um damit gleich zwei Fliegen mit einer Klappe zu schlagen. Schon mal was von Verbrennungen ersten Grades und dem lustigem Gebizzel gehört, das aus einer Steckdose kommt? Schon mal über Sterbevorsorge nachgedacht? Schon mal Grabsteine besichtigt? Und so weiter und so fort. Strom halt.

Man liest ja so viel. Und weil man so viel liest, liest man ab und an auch die unmöglichsten Sachen. Ich rede jetzt nicht von der »Die Spinne in der Yucca-Palme«-Geschichte, in der ein Beamter auf Lebenszeit seinen Dödel mal in ein Staubsaugerrohr gesteckt und nicht mehr rausbekommen hat. Ich rede auch nicht von der Geschichte (und die kennt nun wirklich *jeder, auch Nonnen*), in der eine Frau mit einer großen Colaflasche aus Glas masturbierte und die Flasche ganz rein- und nicht mehr rausging, was irgendwie mit dem Druck zu tun hatte. Nein, es gibt noch viel furchtbarere Geschichten. Man muss nur aufmerksam durchs Leben gehen. Und deswegen sei an dieser Stelle gesagt:

Die Frau, die ein auseinandergeklapptes *Tee-Ei* in ihre Vagina einführte und das dann nach dem Einführen zuklappen ließ, woraufhin sich das Tee-Ei irgendwo festhakte und nicht mehr zu entfernen war, tut mir einerseits sehr leid, andererseits stelle ich mir die Frage: Warum musste die Frau ein Tee-Ei nehmen? Wie kam sie überhaupt auf die Idee, ein Tee-Ei zu nehmen? Ist das zu verstehen? Man springt doch auch nicht mal eben einfach so zu Süßwasserkrokodilen in einen Fluss oder sticht sich mit einer glühenden Häkelnadel ein Auge aus, weil es mal *was anderes* ist!

Der Angler, der dachte, wenn er sich einen *Widerhaken* in die Vorhaut schiebt, weil das angeblich den ultimativen Thrill gibt, und sich guter Dinge lachend ans Werk machte, lacht heute nicht mehr.

Und dann gibt es da noch das Pärchen in der abgelegenen Berghütte bei Garmisch-Partenkirchen. Er wollte sie mal fesseln und hat das auch richtig gut gemacht. Er hat *Handschellen* für die Hände und *Fußschellen* für die Füße genommen. Die beiden waren sehr erregt. Dumm nur, dass er ein paar Sekunden später einen tödlichen Herzinfarkt bekam. Dumm weiterhin, dass die Hütte für drei Wochen gemietet war und das Pärchen sich mal so richtig erholen und deswegen niemanden sehen wollte. Überflüssig an dieser Stelle zu erwähnen, dass zum Zeitpunkt des Herzinfarktes noch genau zwanzig Tage vor den beiden lagen.

Nun zu den Fakten. Auch zum Verschenken. Viele wollen ja gern was Selbstgemachtes: Da hätten wir *für sie* im Angebot:
Bettlaken oder *Handtuch*. Die lange Seite ein bisschen zusammenfalten, das Ende zwischen die Füße klemmen oder um den Bettpfosten binden, das Laken dann auf die Klitoris legen und sich hin und her bewegen. Geht auch ohne Festma-

chen, einfach die Enden in die Hände nehmen und rauf- und runterziehen. Stoff hat nochmal eine andere Intensität als die Finger – und ist einfach auch mal was anderes.

Für ihn: Melone aushöhlen und zwar in Schwanzform. Das Loch in der Melone sollte etwas weniger Durchmesser haben als der Schwanz. Die Melone kurz in die Mikrowelle. Dann ein bisschen Öl reingeben und schon kann es losgehen (vielleicht die Augen schließen und sich eine Frau vorstellen.

Und *für sie* wieder: *Murmeln.* Die kleinen Glasdinger sind günstig. Ein wenig in heißes Wasser legen, dann in eine reißfeste Plastiktüte (oder Gefrierbeutel) füllen und den gut verschließen. Einführen und rumlaufen – geile Liebeskugeln selbst gemacht.

Für ihn empfehle ich *Luftpolsterfolie* (Baumarkt, ja klar), ist günstig und einfach zu handhaben. Schwanz einölen, die Folie mit den Noppen nach innen schön fest drüberstülpen, noch ein Handtuch drum, damit man nicht abrutscht, und los.

Für sie: Die gute alte *Banane* ist zwar schon oft thematisiert worden, muss aber an dieser Stelle einfach erwähnt werden, weil sie eine perfekte Form für die Selbstbefriedigung hat. Wenn man sie ein paar Stunden in den Tiefkühler legt, wird sie auch nicht so schnell matschig. Kondom drüber, und gut.

Gilt eigentlich *für beide*, aber Männer mögen ja angeblich lieber was im Hintern als Frauen, was möglicherweise daran liegt, dass sie da unten nur einen Zugang haben. Also: Jeder kennt doch diese *Endstücke an Vorhangstangen*, die man aufsteckt. Die kann man wunderbar mit Vaseline einreiben, eine kleine Plastiktüte drübertun und einführen. Und spart so das Geld für einen Butt-Plug. Bei Holzsachen aber unbedingt und immer Vorsicht: Splittergefahr.

Für beide: Schutzhülle um den *Lady Shaver* und da dran halten, wo's am geilsten ist! Anschalten (gut, ich sagte, kein Strom, aber hier kann man mal 'ne Ausnahme machen).

Für ihn: Sofa. Polster hoch. Schwanz in den Zwischenraum stecken. Polster runter und fest andrücken. Vor und zurück, vor und zurück.

Für sie: Es gibt doch diese wunderbaren festen *Igelbälle*, die man bei Rückenschmerzen oder zur Fußmassage einsetzen kann. Man kann sie aber auch unter sich auf einen Stuhl legen und sich draufsetzen. Funktioniert prächtig.

Und zum Schluss hab ich noch einen wirklich außergewöhnlichen Tipp. Die Seite www.waldmichlsholdi.de Ein kleiner Familienbetrieb aus dem Örtchen Hettigenbeuern stellt Holzdildos und -vibratoren und Plugs und noch einige andere Dinge her. Und wenn man dem Endverbraucher Glauben schenken darf, mit großem Erfolg. Da hätten wir die schönen Namen »Goliath«, »Biber«, »Bärenzunge«, »Elfe« oder »Einhorn«. Die Teile sehen wirklich schick aus und eignen sich gut zum Verschenken – echt jetzt. Aber die sind teuer. Dafür ist alles handgemacht. Damit es handgemacht noch ein bisschen besser läuft! Ich gebe zu, dass der Name Waldmichlsholdi sich eher nach einer Anleitung für den perfekten Schuhplattler oder eine Schnapsbrennerei anhört, aber die Seite lohnt sich wirklich.

7. Was darf's denn heute sein?
Mal mit dem Fachmann gesprochen

Achtung, toller Witz:
Im Erotikshop lässt sich eine Frau jede Menge Vibratoren zeigen, aber keiner findet ihren Gefallen. Bis sie plötzlich sagt: »Dieser da, der rote mit der weißen Kappe, den will ich haben!« Der Verkäufer ganz verlegen: »Das wird nicht gehen, das ist meine Thermoskanne.«

Für die Recherche dieses Buches bin ich unter anderem auf den Kiez (für Nicht-Hamburger: auf die Reeperbahn) gefahren, um mich mal ein bisschen in Erotikkaufhäusern umzuschauen. Ich war guter Dinge, die Sonne schien, und es versprach ein schöner Nachmittag zu werden. Als ich den Laden betrat, war außer mir nur noch ein älterer Herr mit randloser Brille anwesend, der aussah wie ein in die Jahre gekommener Philologie-Professor und der mit Kennerblick Handschellen begutachtete. Ich sah mich in diesem Laden um. Er war sauber, hatte nichts Ekliges, er war sogar klimatisiert. Es roch nicht muffig, und alles war logisch angeordnet. Es gab auch zwei Wühltische wie beim Sommerschlussverkauf: Da lagen DVDs, die nicht so gut gelaufen waren (ich persönlich verstand, warum: »Brillenschlangen ohne Tabus« traf nicht den Geschmack der breiten Masse), es gab einige giftgrüne Vibratoren, die etwas von einer gefärbten, unförmigen Salatgurke an sich hatten, Augenschmerzen verursachten und um 70 Prozent reduziert waren, und hier lagen einige Magazine, in denen Frauen zu sehen waren, die ihre Scham- und Achselhaare mochten und auch bereit gewesen waren, beides zu züchten.

Der Laden war gut beleuchtet, nicht schummrig, eher steril. Also nicht so, dass man sich gleich wieder umdrehen und rausrennen wollte, und auch nicht so, dass einem irgendwas peinlich hätte sein müssen. Er sah irgendwie *normal* aus. Vielleicht hatte ich einfach Glück mit dem Geschäft, aber es war wirklich nicht weltbewegend. Nur dass das hier halt ein Sexshop war. Es liefen auch keine Pornos. Aber es gab natürlich einen Verkäufer. Ich übertreibe jetzt nicht, wenn ich den Verkäufer als sehr groß, sehr kräftig, sehr bärtig und sehr tätowiert, also als schlicht furchteinflößend beschreibe. Gut, dachte ich, hier auf dem Kiez herrschen nun mal raue Sitten, und wenn dem Mann jemand blöd kommt, muss er zuschlagen können.

Ich ging zum Tätowierten und stellte mich entspannt vor ihn. So, als würde ich mit dem Besuch von Sexshops mein täglich Brot verdienen. Ich war locker und hatte keine Angst. Cool war ich, total cool. Warum auch nicht?

»Ich bin Autorin, kann ich Ihnen ein paar Fragen stellen?«

Der Mann zuckte zusammen. Der andere Mann, also der Professor, legte schuldbewusst die Handschellen ins Regal zurück. Möglicherweise hatte er Angst davor, namentlich erwähnt zu werden, obwohl ich seinen Namen gar nicht kannte.

»Welche Fragen denn?«, fragte der Tätowierte, der eine sehr tiefe, rauchige, männliche und dominante Stimme hatte, schüchtern und auch ein bisschen ängstlich und drehte an seinen Schlagringen herum, um seine Nervosität in den Griff zu bekommen.

»Fragen zu Ihrem Sortiment«, lautete meine forsche Antwort, und er zuckte zusammen, um dann vor mir zurückzuweichen. Ich weiß nicht, ob er gehofft hatte, dass ich ihm Fragen zu seinem durchschnittlichen Einkaufsverhalten an einem Samstag im Februar stellen wollte.

»Zu meinem Laden«, wiederholte er paranoid und begann zu transpirieren.

»Ja, Sie verkaufen ja hier Dildos und Vibratoren und Gummifäuste und alles mögliche andere noch.«

»Bitte.« Der Bärtige *bekreuzigte* sich. »Das heißt *Hilfsmittel*.«

Da hatten wir wieder das H-Wort. Hilfsmittel! Ent-setz-lich!

»Was heißt Hilfsmittel?« Ich war streng und konsequent.

»All das hier sind *Hilfsmittel*.«

»Sie sagen nicht Dildo, Schwanzring oder Gummifutt, Sie sagen *Hilfsmittel*?« Ich konnte es kaum glauben.

»Ja«, keuchte der Mann und sah mich so an, als hätte ich ihn gerade zum Oralverkehr auf dem Verkaufstresen genötigt. Der Professor atmete ebenfalls schwer. Aus den Augenwinkeln sah ich, dass er blass war.

»Was sagen Sie zu einem Butt-Plug?«

»Hilfsmittel.« Der Tätowierte hatte nun Tränen in den Augen.

»Fist-Faust?«

»Hilfsmittel. Bitte, bitte, *Hilfsmittel*.«

»Haben Sie Angst vor mir?«

»Ja.«

Weil er mir leidtat, benutzte ich fortan das Substantiv *Hilfsmittel*, fragte ihn nach allem, was ich wissen wollte, und bekam ein paar interessante Antworten.

Ein paar Dinge hatte ich mir schon gedacht, weil ich ja auch nicht ganz blöde bin. Zum Beispiel, dass man betrunken mutiger ist als nüchtern und besoffen eher einen Sexshop aufsucht. Und dass es einem leichterfällt, einen Sexshop zu besuchen, wenn man ungefähr dreißig Leute bei sich hat. Aber es gab auch interessante Erkenntnisse. Den größten

Fehler, den man machen könne, erzählte mir der Verkäufer, sei der, auf die Hereinkommenden zuzustürmen und sie zu fragen, ob und wie man helfen könne. Nicht jeder sei so gestrickt, dass er die Angestellten, ohne zu kollabieren, fragt, wie tief man dem Partner einen Kunstschwanz in den Hintern schieben kann, ohne dass er sich dabei verletzt. Und keine Frau rede gern mit einem Verkäufer darüber, dass sie doch jetzt unbedingt mal scharfe Klemmen für die Schamlippen bräuchte und welche er ihr empfehlen könne. Warum diese Leute in einen Sexshop kommen, dürfte ja sowieso klar sein. Sie wollen irgendwas kaufen, das mit Ficken zu tun hat. Und ganz sicher sei niemand aus Versehen hier drin, wo er doch eigentlich zum Edeka wollte, weil er Lust auf grünen Spargel mit Sauce Hollandaise hat. Das, so sagte der Verkäufer, der sich mittlerweile wieder halbwegs im Griff hatte, sei mit das Wichtigste. Natürlich müsse ein Mitarbeiter in der Nähe sein, um bei Bedarf gefragt werden zu können, auf gar keinen Fall aber solle er lauschen und/oder anzüglich grinsen und schon gar nicht saublöde Bemerkungen wie »Das wird ja ein bunter Abend« machen. Dann gingen die Leute nämlich wieder.

Mir leuchtete das sofort ein. Ich meine, jeder von uns kennt das doch: Man geht in ein Kaufhaus oder eine Boutique, aus dem Nichts kommen Verkäuferinnen und fragen, was sie für einen tun können. Jeder Pullover, den man in die Hand nimmt, wird kommentiert, und am schlimmsten sind die Verkäufer, die man dann tatsächlich was fragt, z. B. »Gibt es die schwarze Jacke auch in Größe XY?«, und als Antwort bekommt: »Nein, aber die rote ist auch schön«. Das braucht kein Mensch. Wenn man Fragen hat, dann fragt man. So einfach ist das. Wenn ein Verkäufer die Kunden anspricht, kommt eh nur eine einzige Antwort: »Wir wollen nur mal gucken.« Das ist wie zu IKEA fahren: nur mal gucken.

Zurück zum Tätowierten. »Es kommen immer mehr Frauen hierher«, erzählte er mir. »Meistens sind sie zu zweit. Wenn eine Frau und ein Mann kommen, ist *sie* diejenige, die die Initiative ergreift. Er steht nur daneben, und man hat den Eindruck, ihm sei das alles peinlich. Die Frau bezahlt auch meistens. Und die Leute werden immer jünger«, meinte er. »Früher waren das so Dreißig- bis Vierzigjährige, heute kommen schon Zwanzigjährige.«

Was sagt uns das? Die Zeiten ändern sich eben. Die Zeiten, in denen man sich schon verwegen fühlte, wenn man eine Wochentagunterhose am falschen Tag anzog, sind ein für allemal vorbei!

Woran liegt das? Das ist nun wirklich einfach: Seitdem es Internet gibt, ist Aufklärung nicht mehr die Sache von verklemmten Müttern oder besserwisserischen Lehrern, man kann sich selbst sein Bild machen – und mal ganz unter uns gesagt, das ist auch in vielen Fällen besser so. Was haben wir von verklemmten Wissenschaftlern, die verkniffen vor uns stehen und sowieso nur bescheuertes Zeug erzählen, das niemanden interessiert? Wenn man ein bisschen im Netz surft, wird man feststellen, dass es auf jede Frage eine Antwort gibt. Auch auf unsinnige:

Habt ihr schon mal gepupst, während ihr geleckt wurdet?

- Ja, ist mir schon mal passiert, war megapeinlich.
- OMG, OMG, nein, nein, wie schrecklich, wenn mir das passiert, falle ich tot um. Ich werde jetzt schon rot.
- Nein, aber ich musste beim Knutschen mal voll rülpsen, das war schon schlimm genug.

Muss ich mir Sorgen machen, wenn mein Freund beim Ficken den Namen meiner besten Freundin ruft?

- Ja.
- Ja.
- Ja.

Voll peinlich, ich bin beim Sex eingeschlafen. Mein Freund war total sauer! Wie verhindere ich das denn in der Zukunft?

- Schau dabei »Grey's Anatomy«.
- Indem du wach bleibst, mein Gott.
- Nicht mehr mit ihm schlafen.

Mein Schwanz ist zu groß. Kann man dagegen was machen?

- Gib mir deine Adresse, ich komm vorbei. Gruß, Dani
- Ich würde auch vorbeikommen. LG Nele
- Alter, hast du 'nen Sockenschuss? Sascha

Wir sind 18 und 19 Jahre alt und haben ständig Lust auf Sex. Ist das normal?

- Nein, in dem Alter müsstet ihr eigentlich jeden Abend zusammen stricken.
- Habt ihr vielleicht einen Zahlendreher in eurer Frage? Seid ihr vielleicht 81 und 91? Dann wäre es in der Tat unnormal.
- Ihr perversen Schweine!

Und was wollen wir noch wissen? Genau, wir wollen wissen, *was* die Leute so kaufen.

»Absolut im Trend sind momentan Strumpfmagazine«, sagte der Mann, der froh war, nicht das Wort Hilfsmittel benutzen zu müssen, was man ihm deutlich ansah.

»Ich dachte eigentlich nicht an Magazine, sondern an … Gerätschaften«, versuchte ich ihn aus der Reserve zu locken.

Doch er blieb tapfer und trotzig. »Strümpfe, Strümpfe.«

»Nein, ich will was anderes. Ich möchte mit Ihnen beispielsweise übers Fisten sprechen. Fisten ist kein Hilfsmittel.«

Ich deutete auf eine der Wände. Fast drei Regale waren mit Gummifäusten aller Couleur gefüllt. Lange Arme, kurze Arme, behaarte Arme, sehnige Arme, glatte Arme. Dicke Fäuste, mitteldicke, dünnere und so weiter und so fort.

Der Mann sagte: »Das hat doch mit Ihnen nichts zu tun.«

»Hören Sie«, sagte ich, ohne auf seine sinnfreie Aussage auch nur ansatzweise einzugehen. »Ich bin nicht pervers oder so. Ich recherchiere hier nur. Das ist alles ganz logisch und nachvollziehbar. Ich will ein Buch schreiben. Und es wäre klasse, wenn Sie mir ein bisschen was erklären könnten.«

Der Verkäufer überlegte. Der Professor rannte aus dem Laden. Er war bestimmt ein Promi. Leider erkenne ich Promis *nie*.

»Na gut«, seufzte das Tier. »Also, hier hätten wir die Hilfsmittel aus Kunststoff. Natürlich sind die alle dermatologisch getestet worden. Man will ja nicht, dass sich im Genitalbereich Bläschen bilden. Diese Gummifäuste werden überwiegend von Männern gekauft.«

»Von Schwulen?«

»Auch, aber nicht nur. Es ist ein Trugschluss, dass nur Schwule auf Analsex stehen. Hier kommen viele Männer mit ihren Frauen rein, die eine Faust oder einen Umschnalldildo kaufen. Die haben Glück, denn nicht alle Frauen bringen dafür Verständnis auf, da bin ich mir sicher. Weil das eben dieses Klischee ist. Aber mittlerweile trauen sich mehr Männer, es zuzugeben. Vieles ist insgesamt normaler und offener geworden.«

Nun schien er Vertrauen gefasst zu haben. »Es gibt ja auch

bisexuelle Männer. Oder eben Männer, die einfach gern mal was im Hintern haben. Warum denn auch nicht? Das wurde hundertprozentig schon immer so gemacht, nur geredet hat keiner drüber. Das ist eben ein Tabuthema, auch für viele Frauen. Immer noch. Schmutzig, eklig, gefährlich.«

Stimmt das wirklich? Fragte ich mich in dem Moment und habe mich mit dem Thema mal auseinandergesetzt und ein paar Infos über Analverkehr überhaupt zusammengetragen. Bevor es mit meinem Besuch im Sexshop weitergeht, hier die Fragen und Antworten:

Ist Analverkehr schädlich?
Nein. Nur vorsichtig sollte man sein, zumindest am Anfang, bis man sich dran gewöhnt hat. Beim ersten Mal auf jeden Fall. Gleitmittel heißt hier das Zauberwort.

Wie ist das mit dem Orgasmus?
Kann man bekommen. Da sind ziemlich viele Nerven, und wenn die stimuliert werden, kann man einen richtig guten Orgasmus kriegen.

Warum gilt Analsex als pervers?
Weil viele Leute immer noch irrtümlich annehmen, das sei unhygienisch und unsauber und was weiß ich. Aber: Waschen hilft bei vaginalem, oralem und analem Sex. So einfach ist das. Und wer Angst vor Rückständen hat: Das kann mal passieren, tut es aber in den meisten Fällen nicht. Im Enddarm lagert meistens nichts. Natürlich kann man vorher einen Einlauf/Analdusche machen – es kommt halt immer auf den Stoffwechsel an.

Leiert der Schließmuskel aus?
Bei »normalem« Analverkehr nicht. Nur wenn man permanent eine Faust im Hintern hat oder ununterbrochen mit was anderem gedehnt wird, kann das passieren.

Kann man Vibratoren und Dildos vorne und hinten verwenden?
Ja. Aber bitte nicht mehr vorne, wenn sie schon hinten drin waren. Wegen der Keime.

Warum wird so ein Zirkus um das Thema gemacht?
Tja. Wahrscheinlich, weil um Sex allgemein teilweise noch Zirkus gemacht wird. Und weil Analsex nun mal eher in der außergewöhnlichen Ecke wohnt, reizt das natürlich zum »Uiuiui«-Sagen.

Fazit: Nicht verrückt machen lassen. Tun, worauf man Lust hat.

»Natürlich nehmen nicht alle Fäuste«, erklärte der Verkäufer, der nun immer lockerer wurde und gar nicht mehr das Wort Hilfsmittel gebrauchte. »Es gibt ja so viel. Hier.« Wir standen vor einem Regal. »Da hätten wir einmal die sozusagen ganz normalen Butt-Plugs. Dann gibt es für Fortgeschrittene welche, die man aufpumpen kann. Es gibt welche, die tiefer gehen und einen größeren Umfang haben. Und welche mit Vibration natürlich, die sind sehr beliebt, man kann sie auch an den ... Penis halten.«

»Sagen Sie ruhig Schwanz.«

Er stockte. »Schwanz«, flüsterte er dann. »Wo war ich? Sie sehen also, es gibt von jedem Hilfsmittel diverse Variationen. Einfach so Butt-Plug wäre ja auch langweilig. Außerdem wollen wir ja im Bett auch Abwechslung, nicht wahr?« Er nahm ein gebogenes blaues Teil aus dem Regal. »Das ist ein Prostata-Plug. Dieses Modell ist sehr beliebt, es stimuliert die Prostata und den Damm, das ist für den Mann total geil. Und es hat sieben Vibrationsstufen. Ein sehr leises Teil übrigens. Man hört das Summen kaum.«

»Das ist ja dann der richtige Plug fürs Büro.«

Der Tätowierte hatte keinen so großen Humor. »Im Büro benutzt man keinen Plug«, sagte er nur und sah mich komisch an. »Denken Sie doch mal an die Kollegen.«

Ich verzichtete auf Erklärungen, die sowieso ins Nichts geführt hätten, und sah mich weiter um. »Werden die Plugs auch von Frauen benutzt?«

»Klar. Dahinten enden ja die Nerven und sind unheimlich sensibel, das ist bei Männern und Frauen gleich.«

»Sie kennen sich ja richtig gut aus.«

Er wand sich. »Ich muss ja was von meinem Job verstehen. Tja, und hier haben wir die normalen Vibratoren.«

Die kannte ich nun schon. Es gab sie in allen Farben und auch – igitt – geäderte. Aber auch hier gab es noch welche, die ich noch nicht kannte.

»Das hier ist ein Multigerät.« Er holte eine durchsichtige Packung aus dem Regal. Der Inhalt sah ein wenig so aus wie ein Mikrophon. »Das kann man innen und außen verwenden und man kann sich auch wirklich damit massieren. Oder das hier.« Er nahm einen roten Vibrator. »Der hat oben einen Kopf und der rotiert. Das ist noch mal extra geil. Finden gerade ältere Frauen gut.«

»Was heißt älter?« Ich stellte mir eine weißhaarige Dame im fliederfarbenen Kostüm mit Brosche vor, die in Gesundheitsschuhen auf ihren Rollator gestützt hier reinkam und einen Kopfvibrator verlangte.

»Na, so dreißig.«

»Ach!«

Er zeigte mir weiterhin Vibratoren für die Handtasche, Vibratoren mit G-Punkt-Stimulator, obwohl es ja angeblich gar keinen G-Punkt gibt, den Vibrator *Triple Luxe Vibe pink*, das ist ein T-förmiger, gebogener G-Punkt-Vibrator mit einem sechs Zentimeter langen genopptem Klitoris-Reizarm und einem Anus-Reizarm, und er zeigte mir einen fleischfarbenen Vibrator, der stark an einen Kaktus erinnerte, was an den unglaublich vielen Noppen lag.

»Kann man die eigentlich testen?« Ich fand diese Frage berechtigt. Was, wenn ich Geld ausgebe und dann merke, dass die Noppen zu hart oder der Vibrator zu kurz, zu dick oder zu rosa ist?

Der Mann war pikiert. »Natürlich nicht. Wie soll das denn gehen?«

Also, wenn er das nicht wusste ... »Wäre das denn nicht sehr sinnvoll? Tester zu haben?«

»Wie soll das denn gehen?«, fragte er wieder.

Zum Beispiel mit einem Kondom drüber«, schlug ich vor. »Oder einer anderen reißfesten Plastiktüte.«

»Die Idee ist nicht schlecht«, sagte er. »Ich werde darüber nachdenken.«

Wir begaben uns zu den Klamotten. Auch hier: eine unglaubliche Auswahl! Chiffonkleider, Lackkleider, Leder-Corsagen und, und, und. Ich sah auch Krankenschwester- und Zimmermädchen-Outfits. Und fragte mich, ob dieses Klischee stimmt, dass viele Männer das so scharf finden, und beschloss, mich später darum zu kümmern.

»Die Leute reden, glaube ich, immer noch nicht genug darüber, was sie eigentlich wollen«, sagte der Tätowierte. »Oft sehe ich den Männern an, dass sie den Frauen gern was kaufen würden, aber sie trauen sich nicht, es zu sagen. Dabei ist es doch nicht pervers, mal außergewöhnliche Wünsche zu haben. Äußern kann man sie doch in jedem Fall. Dann wäre vieles einfacher. Und wir würden noch mehr Umsatz machen.«

Als ich ging, warf ich noch einen letzten Blick ins Schaufenster. Das hatte ich auch noch nicht gewusst, dass man ein Fremdwort durch ein anderes, viel schwierigeres Fremdwort ersetzen kann, das dann aber wiederum *richtig* schreibt: Da lag doch tatsächlich ein *Butt-Plug* (offizielle Bezeichnung: Analstöpsel), und auf dem dazugehörigen Preisschild stand *Butt-Plaque*. Das finde ich groß. Château!

Kaum war ich zu Hause angekommen, habe ich im Internet nach den Liebhabern von Krankenschwestern-Outfits und so weiter geforscht. (Für solche Fälle war ich in verschiedenen Internetforen angemeldet.) Folgendes kam dabei heraus:

- LenaLina, 25: »Ich habe mir schon oft vorgestellt, wie es wäre, wenn ich nach Hause komme und mein Freund steht schon hinter der Tür und reißt mir mein nuttiges Lackkleid vom Leib, und dann ficken wir auf dem Kachelboden im Flur. Er nimmt mich einfach, ohne zu fragen.«
- Barbiemaus: »Mein Mann und ich haben abends zusammengesessen und Wein getrunken. Irgendwann ging es um Sachen, die wir im Bett noch nicht gemacht hatten. Er sagte dann, dass er ein Rollenspiel mal total geil fände. Und zwar so eins, in dem ich ihn als Krankenschwester untersuche. Wir haben dann im Internet gesucht und so ein Outfit bestellt. Und am nächsten Wochenende haben wir's ausprobiert. Er lag auf dem Bett, und ich hab ihn untersucht. Es war irgendwie komisch. Und als ich dann fragte: ›Wie geht es uns denn heute?‹, mussten wir total anfangen zu lachen. Einen Versuch war's wert, aber das ist nix für uns.«

• Bernd-der-Bär, 48: »Es ist schon ein bisschen her, da hat meine Exfreundin den Vorschlag gemacht, dass sie sich Lederkleidung kauft und wir dann abends auf den Kiez gehen. Gesagt, getan. Sie sah rattenscharf aus in dem engen Korsett und den Overknees. Dazu ein kurzer Rock, und natürlich alles in Schwarz, und – das war mit das Geilste – sie trug nix drunter. Wir also los auf den Kiez – die Leute haben vielleicht geglotzt! Obwohl es ja nix Besonderes ist, auf der Reeperbahn rumzulaufen und so auszusehen. Meine Freundin hat dann vorgeschlagen, dass wir in so einen Sexschuppen gehen, wo jeder jedem zuschauen kann. Also kein Kino, sondern so eine Art Kontakthof. Dort haben wir gefickt, bis wir nicht mehr konnten. Wir fanden es auch total geil, dass uns andere dabei zugeschaut haben. Ich finde, man sollte viel mehr ausprobieren. Und drüber reden, was man will.«

Ein paar Tage später begab ich mich in die *Boutique Bizarre*, das ist das Hamburger Nobelkaufhaus für Sexwillige. Ich wollte einfach mal wissen, was an diesem Kaufhaus anders ist als an den anderen, in die der Kegelbruder aus Pforzheim so geht.

Es ist anders. Aber hallo.

Selbstverständlich kommen auch hierher die typischen Reeperbahn-Touristen, um zu gaffen, deswegen nimmt man zu bestimmten – nein, ich schreibe jetzt nicht »Achtung, Wortwitz!« – *Stoß*zeiten Eintritt, der aber bei einem Kauf verrechnet wird.

Wenn man die Boutique betritt, wird einem eines sofort klar: Hier gibt's nichts Billiges. Die *Boutique Bizarre* ist so was wie der Edelpuff der Erotikkaufhäuser. Nirgendwo ist so viel geballter Sex auf einem Haufen zu sehen, aber guter, gediegener, perfekter Sex. Okay, da kostet eine Latex-Corsage gern mal 300 Euro, aber die ist dann auch wirklich klasse! Und die hält! Die Vibratoren sind ebenfalls von exorbitant ausgesuchter Qualität – so wie überhaupt alles in diesem Kaufhaus. Bizarr ist's natürlich auch – besonders bizarr im Untergeschoss. Hier gibt es nichts, was es nicht gibt. Um es mal theatralisch auszudrücken: Hier werden Träume wahr. Viele Wünsche werden erfüllt. Wie die nach *Latex*. Das Material ist aus Gummi oder Naturkautschuk. Liegt sehr eng an. Ist sehr figurbetont. Viele finden es einfach nur geil, Menschen/Partner in Latex zu sehen, viele finden aber auch den Geruch scharf und/oder das quietschende Geräusch, das Latex macht, wenn sich zwei, die das tragen, aneinanderreiben. Latex-Outfits gibt's unzählige: von Strümpfen über Corsagen bis zum Ganzkörperanzug.

Oder die *Atemreduktionsmasken (Leder-Systemmaske)*: Gibt es ebenfalls im Untergeschoss der *Boutique Bizarre*. Sehen ein bisschen so aus, als würden sie im Nuklearkrieg eingesetzt werden. Die Maske ist nicht nur für die Atemreduktion gedacht, sondern dafür, dass alle Sinne (Augen, Ohren) »abgeschaltet werden«. Die Atemluftreduktion ist ein zusätzlicher Kick. Aber Achtung, das ist echt nichts für Anfänger.

Für die Fans der *Autonepiophilie*, auch Babyspiel genannt: Hier versetzen sich Erwachsene in die Rolle eines Säuglings (erotisches Age-Play). Diese Leute finden es geil, gewickelt und gefüttert zu werden und ein »unterlegenes«, also auf fremde Hilfe angewiesenes, Kind/Baby zu sein. Dazu gibt es alles Mögliche an Zubehör: Strampelanzüge, Laufställe usw. – alles ein paar Nummern größer eben.

BDSM (Bondage & Discipline, Dominance & Submission, Sadism & Masochism), bekannter als Sadomaso-Sex mit dem dominanten und dem devoten Part. Ersterer hat das Sagen, demütigt, bestraft. Letzterer lässt sich demütigen, schlagen, erziehen und verbal erniedrigen. Für diese Vorliebe und all seine Spielarten bietet die *Boutique Bizarre* ein breit gefächertes Spektrum an Gerätschaften: Peitschen, Gerten, Rohrstöcke, Paddel, Knebel, Handschellen, Latexaccessoires und vieles mehr. Wie gesagt: Es gibt für jeden etwas.

Aber von wegen »Latex«: Damals, in meiner Erotik-Sendung »Trieb« im Hessischen Rundfunk, gab es eine Rubrik, die hieß »TriebTest«. Es war ganz einfach: Ich bekam von einem Erotikversandhaus eine Neuheit zur Verfügung gestellt, die ich an eine Hörerin oder einen Hörer weitergab, und die sollten das Produkt dann testen. Zwei Wochen später sprach ich dann mit der Testperson in der Sendung darüber. Die Rubrik war sehr beliebt. Ich verschickte alles Mögliche, was gerade neu auf dem Markt war, und an einem schönen Abend galt es, einen Ganzkörperlatexanzug auf den Weg zu bringen. Für einen Mann. Es riefen auch welche an, und letztendlich gab ich den Anzug an einen freundlichen jungen Mann namens Markus, der sich schon total darauf freute. Ich glaube, er wohnte in Südhessen. In Darmstadt oder so. Wir hatten verabredet, dass ich mich in vierzehn Tagen wieder bei ihm melden sollte, um das Testergebnis telefonisch aufzuzeichnen, aber als ich anrief, ging er nicht ans Telefon, weder ans Festnetz noch ans Handy. Ich versuchte es mehrere Tage lang, sprach auf Mailboxen und Anrufbeantworter, aber nichts geschah.

Dafür geschah wiederum einige Tage später etwas anderes. Ich saß an meinem Schreibtisch in der Redaktion, mein Telefon klingelte, und ich sah an der Nummer, dass es der Justitiar des Senders war. Da ich ein gutes Verhältnis zu ihm hatte, nahm ich fröhlich ab, was möglicherweise ein Fehler war.

»Was ist das für eine Sendung?«, lautete die erste Frage, die er mir entgegenwarf, und es stellte sich heraus, dass er überhaupt nichts von meinem wöchentlichen erotischen Smalltalk wusste. Nachdem ich ihn aufgeklärt hatte, sagte er erst mal gar nichts, dann fing er an zu brüllen und ich an zu heulen, und dann stellte sich heraus, dass dieser junge Mann, dem ich das Latexteil geschickt hatte, einen Anwalt mit der Wahrnehmung seiner rechtlichen Interessen beauftragt hatte.

Folgendes war passiert: Nachdem der Latexanzug bei ihm angekommen war, hat Markus ihn versteckt, weil er seine Freundin damit überraschen wollte. Eine nette Idee, eigentlich. Nur die Umsetzung war unklug: Er wusste, dass seine Freundin, wenn sie von der Arbeit nach Hause kam, zuerst ins Schlafzimmer ging, um sich eine bequeme Hose anzuziehen. Er zog sich also den Ganzkörperlatexanzug an und wartete dort auf sie, und zwar im Schrank. Dazu muss man wissen, dass auch der Kopf und das ganze Gesicht vom Latex bedeckt war. Als er seine Freundin im Schlafzimmer hörte, sprang er aus dem Schrank und tanzte vor ihr herum. Er wollte sie zum Lachen und Mittanzen bringen. Sie aber war zunächst wie gelähmt, dann holte sie aus und tat das, was jeder tun würde – sie fing an, auf ihn einzuschlagen, und das ziemlich heftig. Lange Rede, kurzer Sinn: Er kam mit einigen Knochenbrüchen und einer Gehirnerschütterung ins Krankenhaus und war deswegen auch nicht ans Telefon gegangen, sondern hatte noch vom Krankenbett aus einen Rechtsanwalt konsultiert, der nun unsere altehrwürdige Rundfunkanstalt verklagen wollte.

Dazu kam es zum Glück zwar dann nicht, aber für Blumen, die ich ihm geschickt habe, hat er sich auch nicht bedankt. Und den Anzug hat er auch nicht zurückgegeben.

Zurück zur *Boutique Bizarre*: Jeder, der in Hamburg einen Kiez-Bummel macht und sich für so was interessiert, sollte da hingehen. Und auch reingehen. Auch wenn jetzt viele denken: Himmel, nein, das kann ich nicht. Was sollen denn die Leute denken, die da arbeiten? Na, was denken die wohl? Da kommt jemand, der sein Geld hierlassen will natürlich. Eigentlich ist es ganz unkompliziert. Und wenn man es *einmal* gemacht hat, ist es wie mit kaltem Wasser – wenn man erst mal drin ist, ist es herrlich. Genau. Und Mallorca hat im Landesinnern so schöne Seiten!

Tür auf, und rein. Keiner wird blöd gucken. Echt nicht.

Hier ein paar nicht unbedingt ernstzunehmende Verhaltenstipps (damit Sie sehen, wer gerade spricht, habe ich den Verkäufertext in kursive Schrift gesetzt. Ja, ich denke mit.):

So	**So nicht**
»Hallo.«	»Hihihihi.«
»Hallo.«	»…«
»Habt ihr Gleitgel?«	»Das ist ja voll eklig. Iiiiih, was ist das denn? Birte, guck mal.«
»Hinten bei den Vibratoren.«	
»Danke.«	
	Beide: »Hihihihihi!«
»Tag. Ich war noch nie in einem Sexshop.«	»Guten Tag. Inge Schneider-Wollgericht mein Name. Ich komme aus Walsrode, das ist die Stadt mit dem bekannten Vogelpark, und nun sind meine Freundin und ich einmal ohne Männer unterwegs. Das muss ja auch mal sein, nicht wahr? So, nun zur Sache. Was macht ein junger Mann wie Sie in solch einem Schuppen? Meinen Sie nicht, dass Sie etwas Anständiges aus Ihrem Leben
»Und ich war noch nie außerhalb eines Sexshops.«	
»Ach, das passt ja gut. Mein neuer Typ fährt voll auf Lack ab. Was habt ihr denn da im Angebot?«	
»Miniröcke, lange Röcke, Korsetts, Corsagen, Strapse, Kleider, Masken, Kappen.«	
»Kann ich die auch anprobieren?«	
»Hier vorne links.«	

So	So nicht
Einige Minuten später: »Wie seh ich aus?« *(Im Idealfall):* »*Saugeil. Rattenscharf! Boah! Boah!*« *(Im schlechtesten Fall):* »*Nee, das geht gar nicht. Das musst du mindestens drei Nummern größer nehmen oder am besten 15 Kilo abspecken.*«	hätten machen können? Studieren? Eine Ausbildung? Aber nein. Sie hocken hier und verkaufen perverses Zeug!« (Macht eine ausschweifende Handbewegung) »Ja! Sie alle. Sie brauchen gar nicht so blöd zu glotzen. Anstatt sich Fremdkörper sonst wohin zu schieben, sollten Sie Gutes tun. Ehrenamtlich Socken stricken oder Unkraut im Stadtgarten jäten.«
»Hi. Ich hab hier drei Dildos in drei Größen, die Dessous, für den Vibrator brauch ich noch extra Batterien, und rotiert der wirklich kreisend? Wenn nicht, komm ich zurück. Ja, und dann noch die Maske hier. Dann kannst du mir aber die drei Magazine doch umsonst mitgeben, oder?«	»…« *»Hallo.«* »…« *»Äh, hallo.«* »…« *»Kann ich helfen? Ist alles in Ordnung?«* »…«

Also: einfach *sagen*, was man will. Die Leute, die hier arbeiten, sind das gewohnt, die machen das schon ein paar Tage, und die fallen nicht gleich um, wenn jemand einen Analdildo haben will (gut, der von mir erwähnte Verkäufer war die Ausnahme, aber die bestätigen ja die Regel, außerdem ist es leider so, dass ich immer an solche Typen gerate, was soll ich tun?).

Aber an diejenigen, die da arbeiten, an dieser Stelle die Bitte, sich ein wenig in die Situation des Käufers hineinzuversetzen. Der sitzt nämlich nicht den ganzen Tag in einem Sexshop. Für den ist das teilweise was ganz Besonderes, da wird lange überlegt, in welchen man geht, wann, was man anzieht und so weiter. Und die meisten dieser armen Menschen versuchen dann verzweifelt, so dermaßen unauffällig rüberzukommen, dass man schon weiß, wo sie hinwollen, wenn man sie nur aus der Haustür rauskommen sieht. Dabei ist es eigentlich alles ganz einfach. Wie mit dem Rauchen aufhören: Man muss es nur wollen! Hört sich jetzt doof an, ist aber wirklich so.

Und noch ein Tipp. Gehen Sie abends in solch einen Shop. Tagsüber ist das irgendwie komisch. Einen Sexshop, den sollte man erst nach Einbruch der Dunkelheit besuchen. Da ist die Hemmschwelle niedriger. Passt auch irgendwie besser zusammen. Aber das ist meine persönliche Meinung.

Übrigens: Falls Ihnen jetzt eine Erklärung auf die Frage: Wieso stehen die einen auf Latex, die anderen auf Nylonstrumpfhosen und die Dritten auf Outdoor-Sex? fehlt, dann kann ich Ihnen nur entgegnen: Warum gibt es Sofas in Blau, Beige, Rot und Türkis, warum gibt es Opel, Mercedes, Jaguar, Porsche und Audi? Warum gibt es siebenhundert verschiedene Schinkensorten, warum gibt es überhaupt unterschiedliche Dinge? Sehen Sie? Jetzt kennen Sie die Antwort!

8. Das hab ich nicht nötig!
Warum Männer in den Puff gehen

Achtung, flacher Witz:
Warum können viele Männer nach dem Sex nicht einschlafen?
Weil sie erst noch nach Hause fahren müssen.

Bordell, Freudenhaus, Puff oder wie auch immer. Diese Etablissements gibt es seit Menschengedenken. Dass Prostitution das älteste Gewerbe der Welt ist, sagt man zwar, aber bewiesen ist es nicht, aus dem einfachen Grund, weil es nicht von Anfang an die Möglichkeit gab, etwas darüber aufzuzeichnen oder aufzuschreiben. Aber gehen wir jetzt einfach mal davon aus, dass es Puffs schon recht lange gibt. Ich erkläre jetzt nicht lang und in epischer Breite, wie die Geschichte des Bordells sich über die Jahrhunderte hinweg entwickelt hat; ich nehme an, jede(r) hat schon mal einen Thementag auf »Arte« geschaut oder kennt zumindest jemanden, der das gemacht hat.

Früher war es natürlich anders, in der Antike gab es Sklavinnen, es gab die Nutten in den Häfen – ist ja heute noch so, dass die Puffs da oft sind –, weil nämlich die heimkehrenden Seefahrer erst mal Dampf ablassen mussten. Viele Ehefrauen sahen Sex als etwas an, was *nur* dazu diente, Kinder in die Welt zu setzen, ansonsten war er verpönt. Das war tatsächlich so. Die Gesellschaft hat Frauen, die Sex gut fanden, verachtet. Stimmt wirklich. Hierzu folgende Erklärung: Schon seit Urzeiten wird die Frau mit Sex und Sünde in Verbindung gebracht. Sie galt als Versuchung, Verführerin (siehe Eva) oder

Hexe. Später wurde das anders. Der armen Frau wurde der komplette Sex total genommen. Eine Frau war nur dann gut und was wert, wenn sie »sittlich« war. Also um es auf den Punkt zu bringen: wenn sie die Klappe und sich im Hintergrund hielt. Moral hieß das Zauberwort. Lust auf Sex hatte eine Frau nicht. Nein – sie hatte ihn bloß (obwohl sie ihn auch eklig fand) –, um ihrem Mann die Freude zu machen. Von einer Frau erwartete man weiterhin, dass sie bei der Hochzeit natürlich noch Jungfrau und dass sie treu war. Und der Mann? Der konnte machen, was er wollte. Weil er von Natur aus als »unmoralisch« galt, konnte er fremdficken, bis die Heide wackelte. Und niemand sagte was. Das Einzige, das man von ihm verlangte, war, dass er das Fremdgehen nicht allzu offenherzig betrieb. Ob vor oder nach der Ehe, der Mann hatte immer das Recht, alles zu tun, was er wollte. Es galt sogar als gut, wenn er sich vor der Ehe ausgetobt hatte (und auch als sehr gesund, ja, ja). Denn der Mann sollte erfahren in diese Kombination treten und dem dummen, jungfräulichen Weibe alles beibringen. Oder jedenfalls halbwegs alles, denn wie gesagt: Lust auf Sex war bei einer Frau ja verpönt. Die sollte Lust darauf haben, ihrem Mann ein trautes Heim zu schaffen, die Kinder zu beglucken und so weiter.

Nun könnte man annehmen, dass eine Ehefrau für ihren Mann so was wie eine Heilige, Unberührbare, Wertvolle war. War sie vielleicht auch. Aber verprügeln oder vergewaltigen konnte er sie trotzdem. Und keiner hat was gesagt. Und wenn der Mann Abwechslung wollte, hatte er eine Geliebte oder ist ins Bordell gegangen. Und keiner hat was gesagt.

Zurück zum Wesentlichen: Zu Recherchezwecken besuchte ich einen Puff auf dem Kiez, und zwar einen, den es schon so lange gibt, dass er bereits tot wäre, würde er leben. Möglicherweise war Johannes Heesters Gründungsmitglied.

Es gibt ihn seit ungefähr 90 Jahren, und wenn man den Aussagen glauben darf, wurden hier schon viele Promis, unter anderem Hans Albers und Mick Jagger, bedient. Dieser Laden befindet sich direkt auf der Reeperbahn in einem alten, leicht windschiefen Haus. Das Bordell wird auch der Oldtimer unter den Puffs genannt. Ich wollte herausfinden, ob das stimmt, was man so über diese Etablissements sagt, mich mal ein bisschen umschauen und ein paar Fragen stellen, und siehe da, man hatte nichts dagegen.

Ich gehe also rein und bin kurz nach dem Betreten des Ladens bereits das *erste Mal* aufs Maul gefallen. Wer im Hochsommer bei Tag aus der strahlenden Sonne in einen stockdunklen Hausflur kommt, weiß, wovon ich spreche. Die Funzel, die da hing und sich Lampe nannte, konnte man vergessen, und ich dachte die ganze Zeit daran, wie das den Männern ergeht, die möglicherweise schon angeheitert hierherkommen und dann auch noch diese steile Treppe hochklettern müssen, deren Stufen so schmal sind, dass man permanent ausrutscht.

Es war wie gesagt noch früh am Tag. Im ersten Stock der Barraum mit Tresen und Sitzecken. Runder Bartresen, roter Teppich, rote Tapeten, eigentlich alles rot bis auf den Fernseher, der hinter mir hing und auf dessen Bildschirm abends während der Öffnungszeiten mit Sicherheit ein Porno lief. Was auch sonst? Bestimmt keine Doku über Würfelquallen. Um den Tresen herum rote, plüschige Hocker mit Troddeln, ein paar Kronleuchter hingen von der Decke, in den Ecken niedrige Tische mit Sofas drum herum. In der Mitte der Tische befand sich ein Loch, darin steckte eine Stange für Table-Dance, wie mir erklärt wurde. Es sah ein bisschen so aus wie diese Löcher für Sonnenschirme in Gartentischen.

Und warum war alles rot? Weil diese Farbe ein bisschen

aggressiv macht, stimuliert, aphrodisiert, wie ich erfahren sollte. Eigentlich logisch, oder? Passend dazu sind die meisten Puffs in Rotlicht getaucht. In Rotlicht sieht man in der Tat attraktiver aus und, das darf man nicht vergessen, jünger. Gedimmtes rotes Licht wirkt wie ein liebevoller Weichzeichner, und ein entzündeter, wuchernder Pickel sieht plötzlich aus wie ein schickes Muttermal. Klar ist es nur wichtig, dass die Nutten gut aussehen, bei den Freiern ist es wurscht, Hauptsache, die haben ihr Portemonnaie dabei und da ist auch was drin. Aber natürlich, so wurde mir erzählt, ist es wichtig, dass die sich auch gut fühlen. Wer sich attraktiv fühlt, ist möglicherweise freizügiger!

»Siehst du die Spiegel da?«, fragte mich die Dame, die mir auch den Lichtzauber erklärte, und ich nickte. »Wie in manchen Umkleidekabinen – die machen schlanker. Und wenn man jetzt beides zusammennimmt, also das gedämpfte Licht und die Spiegel, dann sieht ein Kunde, der sich darin betrachtet, super und jünger aus.«

Also: Rot und dünnmachende Spiegel sind gut. Dazu dann vielleicht noch eine glitzernde Discokugel, die das teils doch sehr heruntergekommene Interieur glitzernd beleuchtet, und die Gläser in den Schränken dazu, und der Drops ist gelutscht.

Die Fenster müssen dazu natürlich abgedunkelt werden, wenn es noch hell ist. Hier, in diesem Bordell, waren die Scheiben mit schwarzer Folie abgeklebt.

An diesem Sommertag war es aber noch hell und noch nichts los, und so standen alle Fenster zur Reeperbahn hin offen, man hörte Autos vorbeifahren und Leute reden und lachen, von einer erotischen Atmosphäre war wenig zu spüren.

Ich habe mich dann mit zwei Frauen unterhalten, die logischerweise dort arbeiteten und schon so früh anwesend waren. An dieser Stelle muss ich einfach erwähnen, dass diese

Frauen überhaupt und in keinster Weise billig aussahen! Das ist nämlich auch so ein Klischee. Viele Menschen sagen: Nutten sehen billig aus. Hallo? Natürlich ist das manchmal so, aber auch eine Fleischereifachverkäuferin kann billig aussehen und die Verkäuferin in der Kurzwarenabteilung ebenfalls.

Ich bat erst einmal um einen Rundgang, der mir auch nicht verwehrt wurde. Die Zimmer befanden sich im ersten Stock. Es gab fünf davon, und eigentlich sahen alle ziemlich gleich aus: ein Bett (in zwei der Zimmer waren es ovale) mit einem sauberen Spannbettlaken bezogen, auf den Betten lagen Handtücher, neben den Betten befanden sich kleine Tischchen, auf denen Tuben mit Vaseline, anderem Gleitgel, Schalen mit Kondomen und Kleenex-Schachteln standen. Die Wände waren weiß gestrichen, an der Decke hingen dimmbare, unauffällige Lampen, und an den Wänden gegenüber der Betten waren riesige Flachbildfernseher angebracht, darunter standen DVD-Player. Die Fenster waren logischerweise abgedunkelt, und zwar mit roten Samtvorhängen. Auf den Böden überall Teppichboden, was ich irgendwie eklig fand. Man kennt die Geschichten über Teppiche. Und gerade in einem solchen Etablissement musste doch auf Hygiene geachtet werden! Aber ich sagte nichts. Jedes Zimmer hatte ein eigenes Bad. Hier gab es ein Klo, ein Bidet und einen Whirlpool, der leise vor sich hin blubberte. Aber auch hier: Teppichboden. Ich konnte es nicht glauben.

»Toll, was?«, fragten mich meine Fremdenführerinnen, und weil ich niemanden verletzen wollte, nickte ich.

Ein Teppichboden im Bad! Warum waren da keine Fliesen verlegt? Es gibt doch schöne heutzutage, es müssen ja keine Schmuckkacheln mit Pilzen oder Gräsern drauf sein oder sich zankende Libellen. Schlichte Fliesen, die zu säubern ein Kinderspiel ist. Fliesen, die mit Sagrotan gereinigt ... egal. Das war nicht meine Sache.

»Es gibt überall Unterschiede, also gibt es auch verschiedene Arten von Männern«, erzählte mir Sonja, eine sehr attraktive junge Frau. Lange blonde Locken, gute Figur. Nicht dick, nicht dünn, irgendwas dazwischen.

»Es gibt Männer, die alleine kommen. Die sind teilweise sehr unbeholfen, schüchtern, auch beim zweiten oder dritten Mal. Sie sitzen einsam am Tresen vor einem Bier und müssen erst mal aus der Reserve gelockt werden. Diese Männer sind durchaus auch attraktiv, man darf nicht glauben, dass die automatisch hässlich sind, wenn sie schüchtern sind. Aber sie brauchen eine gewisse Anlaufzeit. Und ja, manche, die verheiratet sind, erzählen von zu Hause, von ihren Sorgen im Beruf, von der Belastung mit der Hypothek und dass die Kinder im Ausland studieren wollen. Dass sehr viel an ihnen hängt und sie sehr viel alleine wuppen müssen.«

»Und?«, fragte ich. »Was erzählen die denn von ihren Frauen? Erzählen die euch, dass die ganz, ganz ätzend sind?«

»Nein«, sagten Sonja und Jessica, die andere Frau, klein, zierlich und dunkelhaarig, gleichzeitig. »Die reden meistens ziemlich gut von ihren Frauen. Die zeigen sogar Bilder von ihnen und von der ganzen Familie. Manche Stammgäste sagen: ›Das nächste Mal bring ich Fotos mit‹. Und die machen das dann auch. Es ist nicht so, dass Männer ihre Frauen hassen – nicht alle zumindest. Viele Männer sind eher verzweifelt, weil der Alltag überhandnimmt oder es einfach nicht mehr stimmt in der Beziehung. Viele Frauen wollen ja auch einfach keinen Sex mehr, möglicherweise weil sie Kinder haben, gestresst sind oder eben einfach keine Lust mehr drauf haben. Gibt's alles.«

Ich hakte noch mal nach: »Wieso um alles in der Welt reden die denn so gut über ihre Frauen?«

Jessica schaute mich an. »Na, weil es ja tatsächlich Männer gibt, die ihre Frau lieben.«

»Ja, aber«, in meinem Kopf arbeitete es. »Was ist denn das Problem mit den Frauen? Warum gehen die Männer dann in den Puff?«

Jessica grinste. »Es ist total easy. Die meisten müssen sich und anderen beweisen, wie wahnsinnig toll sie sind.«

»Ach«, sagte ich und lehnte den Sekt, den mir Sonja anbot, nicht ab.

»Das ist natürlich nicht *grundsätzlich* so. Ich mach das jetzt zehn Jahre«, erklärte mir Jessica. »Ich weiß, wovon ich spreche. Es gibt unterschiedliche Gattungen Männer ...«, (das hat mir gefallen, das Wort Gattungen), »aber letztendlich wollen sie nur eins: sich fühlen wie der geilste Hengst und wie der King! Der eine lässt ziemlich schnell die Sau raus, der andere braucht Anlaufzeit oder bleibt zurückhaltend, aber eigentlich wollen sie alle dasselbe.«

»Und sie wollen im Bett was anderes ausprobieren, oder?«

»Das auch«, nickte Sonja. »Aber das ist *wirklich* nicht das Wichtigste.«

Viele Männer sind unglücklich darüber, dass ihre Frauen nur Kartoffeln essen wollen, sprich die Missionarsstellung mit Licht aus, und phantasieren schon seit Wochen und Monaten vor sich hin und sind am Überlegen, wie sie ihre Frauen dazu bekommen, mal was anderes im Bett zu machen, bekomme ich erzählt. Paradebeispiel: Die Frau (Typ verhärmte Zicke mit Falten, die nicht vom Lachen kommen, und einer unvorteilhaften schwarzen Hornbrille) hat eigentlich gar keine Lust mehr auf Sex. Sie hat mal irgendwo ein Volontariat gemacht, ihn dort kennengelernt, und dann haben die beiden geheiratet und Kinder bekommen, und von nun an war alles anstrengend und furchtbar und schrecklich, und kein liebes Wort fiel mehr. Der Mann hat dann versucht, mit seiner Frau zu reden, aber das wurde schon im Keim erstickt. Stattdessen gab es immer nur Gemecker und Klagen über die Kinder und darüber, dass sie ja so viel zu tun hat, und er macht gar nichts, und die Putzfrau ist krank, und überhaupt, wenn man jetzt in die 6-Zimmer-Wohnung zieht, muss die Putzfrau aber öfter kommen, das findet auch ihre Mutter ... Letztendlich resigniert der Mann. Einerseits liebt er seine Frau wirklich noch, andererseits will er einfach mal Bestätigung. Kein Gemecker. Was sagen, und alle finden es gut, vor allem die Frau, die ihm da in scharfen Dessous gegenübersitzt und die ihm gesagt hat, dass sie ihm später einen blasen wird, dass ihm die Eier zum Arsch rauskommen. Da hockt kein hornbebrilltes, keifendes Waschweib und erklärt ihm mit schriller Stimme, dass Joghurtbecher nicht zum Restmüll gehören. Da wird was anderes gesaugt. Und später gehen die beiden hoch, und er kann sich wenigstens für kurze Zeit so fühlen, wie sich ein Mann – laut Sonja und Jessica – fühlen will: wie ein Mann. Er hat das Sagen (weil er dafür bezahlt hat, aber darüber wird jetzt nicht weiter nachgedacht), sie tut, was er will, und über neue Sexstellungen wird nicht lange diskutiert, auch nicht darüber, dass ein Porno geschaut wird.

Eigentlich ist es ganz einfach.

Ich wedelte wieder mit meinem Glas, und Sonja schenkte mir sofort nach. »Erzähl mir mehr davon«, bat ich sie, denn jetzt war ich wirklich neugierig geworden.

»Also. Erstens gibt's wie gesagt die Männer, die zum ersten Mal im Puff sind. Meistens sind sie relativ jung, aber es gibt natürlich auch welche, die schon älter sind. Die sind sehr schüchtern. Ich hab fast keinen Mann erlebt, der zum ersten

Mal im Puff war und gleich den großen Larry gemacht hat. Nee, die kommen meistens rein, nuscheln rum und trinken erst mal was.«

»Und dann?«

»Dann müssen wir natürlich hin und ein Gespräch anfangen. Und, das ist mit das Wichtigste, ihn zum Trinken animieren.«

Fast hätte ich gefragt, warum es wichtig ist, dass der Kunde was trinkt, dann habe ich logisch nachgedacht und »Ja, klar« gesagt, weil ich aus dem Augenwinkel gesehen habe, dass auf der Getränkekarte horrende Preise standen. Eine Flasche Champagner hundertfünfzig Euro. Ein Bier zwölf Euro. Ich schrieb mir das auf, dann fiel mir noch was ein. »Dann müsst ihr ja jeden Abend den ganzen Abend lang Alkohol trinken?« Ich kam mir vor wie eine strenge Gouvernante aus dem 19. Jahrhundert.

»Ja«, nickte Sonja. »Wir versuchen natürlich, das in Maßen zu halten, und zwischendurch trinken wir ein bisschen Olivenöl.«

»*Was?*«

»Das ist gut für die Magenwände. Dann werden die nicht so angegriffen, und wir werden nicht so schnell betrunken.«

»Das schmeckt doch gar nicht«, hörte ich mich sagen. »Warum esst ihr keine Ölsardinen oder so?«

»Weil wir dann nach Fisch stinken.«

»Ach so.« Ich studierte verlegen weiter die Karte. Ob darauf auch die anderen Preise standen? Was wohl Blasen kostete? Nein, das stand auch nicht drauf.

»Wir wollen natürlich nicht, dass es beim Blasen bleibt«, erklärte Jessica, als könnte sie meine Gedanken lesen. »Blasen ist am billigsten. Das kostet bei uns dreißig Euro, das ist so der Durchschnittspreis. Aber das ist von Laden zu Laden unterschiedlich. Ganz ehrlich, das meiste Geld machen wir sowieso über die Getränke. Das sagen wir aber natürlich nicht. Der Gast soll sich ja wohl fühlen und braucht Bestätigung. Wobei es uns natürlich am liebsten wäre, er würde nur trinken.«

Über Getränke wollte ich aber gar nicht sprechen, das mit dem Öl hatte mir gereicht.

»Und was kostet das andere so?«, fragte ich und wedelte mit meinem leeren Glas, das sofort wieder gefüllt wurde – vielleicht hätte ich an dieser Stelle besser mal nach Olivenöl fragen sollen.

»Fünfzig Euro für einen Quickie mit Französisch vorher, die halbe Stunde achtzig Euro, das sind dann Massage, blasen, oral beidseitig und Verkehr natürlich.«

Natürlich.

»Und wie läuft so ein normaler *Verkehr* dann ab?«, fragte ich spießig. Verkehr! War ich Hilfspolizist?

»Völlig unspektakulär«, erklärte Sonja. »Erst trinken wir was, unterhalten uns nett, machen Komplimente, zeigen schon mal die Titten und so. Und reden entsprechend, damit er schön geil wird. Also, um es kurz zu sagen: Wir lassen ihn den König sein und bieten ihm das Paradies, jedenfalls für die Dauer seiner Anwesenheit. Hier kriegt er all das, was er sonst nicht kriegt, jedenfalls nicht so unkompliziert. Und dann gehen wir mit ihm aufs Zimmer.«

»Moment mal«, mir war etwas eingefallen. »Wieso sind eigentlich die meisten Zimmer so orientalisch eingerichtet? Mit breiten Betten, Spiegeln und alles in Rot und Gold?«

»Weil das geil aussieht und geil macht. Es soll ja was Besonderes sein. Da kommt er sich noch mal mehr so vor wie ein König«, sagte Jessica. »Zu Hause hat er bestimmt nicht so 'ne Einrichtung, davon kannst du mal ausgehen. Tja, und dann zieht er sich aus und ich mich, oder er zieht mich aus, vorher wurde klargemacht, was im Preis mit drin ist, und dann geht's los.«

»Wie lange dauert es so durchschnittlich?«

»Ganz ehrlich? Total kurz. Denn die meisten sind so angegeilt, dass sie total schnell kommen. Das kommt *uns* natürlich entgegen. Damit will ich jetzt nicht sagen, dass ich den Gast abzocken will, aber je schneller ich wieder unten an der Bar bin, desto schneller krieg ich einen neuen Gast. Wir sind ja hier, um Geld zu verdienen.«

»Ich hab mal irgendwo gelesen, dass es auch Nutten gibt, die das machen, weil sie sexsüchtig sind«, sagte ich.

»Ja, das gibt es auch. Es gibt ja auch Putzfrauen, die gern putzen, aber das ist echt die Ausnahme. Aber in den Medien wird da wahnsinnig gern drüber geschrieben. Das sind dann so Artikel, in denen steht, dass es Frauen gibt, die ganz, ganz oft Sex brauchen und einen Freier nach dem anderen brauchen. Na ja. Wirklich eine Ausnahme.«

Ich schrieb fleißig mit. »Aber alles mit Kondom?«, vergewisserte ich mich.

Jessica und Sonja sahen mich an, als hätte ich sie gefragt, ob sie Osama bin Laden Prozente geben würden. Sie antworteten nicht, was ich als Antwort deutete.

»Wieso müssen die Männer sich wie die Könige fühlen?«, fragte ich schnell.

»Ich studiere Soziologie und Psychologie«, sagte Sonja, als würde das grundsätzlich alles erklären.

»Das ist aber schön.« Ich war einem weiteren Gläschen Sekt gegenüber nicht abgeneigt. »Bestimmt interessante Studiengänge.«

»Die Arbeit hier ist total genial fürs Studium«, erklärte mir Sonja freundlich. »Ich lerne viel über die Männer.«

»Oh.« Ich nickte voller Verständnis.

»Ja. Und um auf deine Frage zu antworten: Warum wollen sie das? Gehen wir doch einfach mal zum Anfang zurück. Noch Sekt?«

»Ja.« Was für eine dumme Frage.

»Kennst du den Film ›Am Anfang war das Feuer‹? In dem es um die Neandertaler in der Steinzeit geht?«

»Der Film, in dem alle aussehen wie Affen?«

»Wie Neandertaler eben. Und da kann man ganz deutlich sehen, wie die Rollenverteilung angefangen hat. Der Mann ist der Starke, er erlegt die Viecher, er ist groß und stark, und die Frau himmelt ihn an.«

»Ich frage mich, was die damals gemacht haben, wenn sie Zahnschmerzen hatten«, sinnierte ich vor mich hin, und Sonja runzelte die Stirn.

»Wie, was die da gemacht haben? Zum Familienzahnarzt Doktor Müller konnten sie ja wohl nicht gehen. Nichts haben die machen können. Kannst du dich noch an den Heidelberg-Menschen erinnern?«

»Nein.« Was Sonja alles wusste! Na ja, sie musste ja auch mit den Kunden vorher intelligente Konversation betreiben. Bestimmt musste sie das.

»Der hat so vor 630 000 Jahren gelebt. Bei Heidelberg. Und dieser Mensch hatte die älteste nachweisbare Zahnbetterkrankung. Ätzend, oder? Das müssen Schmerzen gewesen sein. Er hatte auch Arthritis in den Kiefergelenken.«

»Ich dachte, das gäbe es nur in den Knochen.«

»Kiefergelenke sind ja *auch* Knochen.«

Ich glaube, Sonja redet heute noch von der dummen Frau, die einfach so reinkam, aufs Maul flog, den Sekt wegsoff und vorgab, Autorin zu sein. »Stimmt, klar, das sind ja auch Knochen«, sagte ich schnell. Uiuiui, ich merkte den Alkohol.

»Was ich eigentlich sagen will«, sagte Sonja, und Jessica nickte, »die Zeiten haben sich geändert. Es gibt Ursula von der Leyen, und es gibt die Emanzipation. Die Frauen sind selbständig geworden, bis auf ein paar Ausnahmen natürlich. Ganz ehrlich – würdest du deinem Gatten abends entgegenrennen und ihm den Mantel abnehmen, noch bevor er richtig zur Tür reingekommen ist, und würdest du ihn fragen, ob du ihm Bratwurst machen und ein kühles Bier bringen sollst, während Formel Eins läuft? Und dabei kniest du vor ihm und bläst ihm einen?«

»Wenn er doch Bratwurst *mag*«, sagte ich. Also sooo schlimm fand ich das jetzt nicht.

»Mensch«, sagte Sonja. »Das war doch nur ein *Beispiel*. Jedenfalls – ein Mann will gut gefunden werden. Ein Mann findet es toll, wenn eine Frau ihn vorbehaltlos bewundert. In den meisten Partnerschaften ist es eben nicht mehr so; da lassen sich die Frauen die Butter nicht mehr vom Brot nehmen. Und eine Frau, die ihren Mann ständig ankeift, sich beklagt und ihm sagt, er soll seine Socken auf rechts drehen, bevor er sie in den Wäschekorb schmeißt, ist für einen Mann sexuell jetzt nicht so attraktiv wie eine, die geile Klamotten anhat, ihn zum Weintrinken auffordert und ihm erzählt, was er mit ihr im Bett alles anstellen kann. Die ihm erzählt, wie super er ist, dass sie so einen Mann noch nie vorher getroffen hat. So einfach ist das. Männer brauchen die Bestätigung.«

Sag ich doch.

Sie beugte sich weiter zu mir. »Was glaubst du, was in den Puffs los wäre, wenn wir zu den Männern anstelle einer sehr lasziven Begrüßung sagen würden: ›Zieh dir bitte erst mal die Schuhe aus, ich hab vorhin den Boden gewischt‹?«

Da musste ich ihr zustimmen.

»Klar gibt es Typen, die wollen ein Rollenspiel, und wir

kommen als Zimmermädchen in den Raum, und huch, da ist ja noch ein Gast, oha, der hat ja ein Riesending, geil«, erzählte Jessica weiter. »Was glaubst du, was die Frauen zu Hause sagen würden, wenn die Männer mit so was ankämen? Perverse Sau. Oder sie wollen mal zwei Frauen zusammen sehen oder einen Dreier machen. Das sind eben *auch* alles Sachen, die sie zu Hause nicht bekommen. Leider ist es immer noch so, dass in vielen Ehen und Beziehungen einfach nicht wirklich darüber geredet wird, was beide wollen.«

»Sagst du den Männern denn, dass sie mit ihren Frauen mal reden sollen?«, wollte ich wissen, und Sonja schlug mit der Hand gegen ihre Stirn.

»Bin ich bescheuert? Ein Autoverkäufer sagt doch auch nicht: ›Ach Quatsch, Ihr alter Wagen tut's doch noch ein paar Jahre. Kaufen Sie den mit allen Extras ausgestatteten Benz mal lieber nicht.‹ Mann, du stehst echt ein bisschen auf dem Schlauch. Sekt?«

Nicken.

»Ich sage natürlich, wie schlimm das für ihn ist und dass er das garantiert nicht verdient hat, aber dafür hat er noch eine Flasche Champagner verdient, und die darf er jetzt bezahlen und dann mit mir trinken.«

»Sag mal, und das *glauben* die dir?«

»Das glauben die«, antworteten Jessica und Sonja synchron, und ich mag es noch heute gar nicht glauben.

»Die Frage, warum Männer in den Puff gehen, ist echt so einfach«, sagte Jessica dann. »Wir lassen sie die Größten sein, auch wenn der Schwanz noch so klein ist. Und alles, was sie sagen, stimmt und ist super durchdacht, und sie sind so wahnsinnig klasse und sehen so irre gut aus. Dann zeigen sie uns Bilder von der Frau und der Familie, und wir sagen ihnen, wie sympathisch die Frau doch aussieht, und sie schauen uns an und sagen: Ja, eigentlich lieb ich sie ja auch. Wenn sie bloß ein bisschen mehr auf mich eingehen würde.«

»Ihr könntet Kontakt zu den Frauen aufnehmen und ihnen mal das Nötige sagen«, warf ich in die Runde und fand die Idee echt nicht so schlecht. Es antwortete trotzdem keine der beiden.

»Die armen Frauen«, sagte ich dann leicht vorwurfsvoll. Man sagt doch auch jemandem, dass er Spinat zwischen den Zähnen hat.

»Manche haben ja auch gar keine Frauen«, erzählten sie weiter. »Das ist ja auch so eine Legende, dass grundsätzlich nur verheiratete Männer oder Männer, die in einer festen Beziehung leben, in den Puff gehen. Es kommen auch viele Singles.«

»Kommen, hihi«, sagte ich. »Das passt ja.« Niemand ging auf diesen irre witzigen, absolut nicht flachen Gag ein.

»Es ist ja viel einfacher, in den Puff zu gehen, als eine Frau in einer Bar oder sonst wo kennenzulernen«, erklärte mir Sonja. »Hier wissen sie ungefähr, was an Kosten auf sie zukommt, aber jetzt stell dir mal vor, die geraten an eine, die sich erst siebenmal zum Essen einladen lässt, dann ins Kino, dann das, dann das, und dann hat er sie endlich da, wo er sie haben will, und es stellt sich raus, dass sie frigide ist oder gleich davon anfängt, dass sie von einem Reihenmittelhaus, einem Hund und zwei Kindern träumt. Da ist doch das Geld hier besser angelegt.«

Stimmt.

»Außerdem«, sagt Jessica, »um noch mal auf die Schüchternen zurückzukommen: Wenn so jemand eh schon Probleme damit hat, eine Frau anzusprechen, ist es doch im Puff viel einfacher. Hier kann er sicher sein, dass er keine Abfuhr bekommt, es sei denn, er hat schwarze Zähne oder neun eiternde Hühneraugen oder so. Es ist hier viel einfacher. Du bist geil, willst ficken, willst keinen langen Zirkus vorher und weißt ganz genau, hier kriegst du es. Danach kannst du wieder gehen, ohne deine Telefonnummer dazulassen und ohne Diskussionen zu führen, wann man sich meldet und wiedersieht und ob du was empfindest und was du gerade denkst. Hier fühlt sich niemand ›benutzt‹ oder sonst was. Und hier muss sich auch kein Gast fragen, wie er denn die Frau morgens nach dem Aufstehen wieder loswird. Nein, das hier ist eine klare Sache.«

Da muss ich ihr recht geben.

»Klischees werden aber natürlich auch bedient«, grinst Jessica. »Besonders klischeehaft ist es, wenn so ein ganzer Haufen Typen auf einmal hier ankommt.«

Sonja verdreht schon wieder die Augen. »Meine Güte. Einer will lustiger, witziger und schlagfertiger als der andere sein. Es ist sooo peinlich! Diese dämlichen Sprüche. Das ist oft so, wenn hier Messe ist. Die kommen zu zehnt hier rein, und logischerweise gibt es auch da einen, der das Sagen hat. Dann geht's los: Champagner für alle, was kostet die Welt, ich bin der King, scheißegal, was es kostet. Und alle jubeln mit.«

»Ihr auch?«

»Stehst du eigentlich total auf dem Schlauch?«, fragte Sonja, der ich, glaube ich, langsam auf die Nerven ging. »Ja *natürlich* jubeln wir auch. Sollen wir den Männern sagen, dass unsere Getränke übertreuert sind und sie heute wahrscheinlich schon genug Geld ausgegeben haben? Wir sind doch nicht bekloppt. Ganz ehrlich, wenn du hier arbeiten würdest – das würde nicht lange gutgehen.«

»Ich muss mal aufs Klo.« Das stimmte wirklich. Aber ich musste auch mit der Demütigung fertig werden. Ich wäre also keine gute Nutte. Schönen Dank auch.

Jessica stand auf und ging vor, und da fiel ich so richtig der Länge nach aufs Maul. Die beiden Stufen vor mir waren nicht beleuchtet, weil ja noch kein zahlender Gast da war, nur ich, die Frau von der Straße, mit der es hier nicht lange gutgehen würde. Mein Knie war aufgeschlagen und tat weh, wahrscheinlich fühlte ich mich jetzt ungefähr so wie der Heidelbergmann mit seinem arthritischen Kiefer.

Es war ein netter Nachmittag und wurde ein noch netterer Abend. Irgendwann haben Jessica und Sonja sich umgezogen, Kolleginnen stießen hinzu, und wir haben weitergetrunken.

Schielend glotzte ich dann etwas später noch einige Kunden an, die genauso am Tresen saßen, wie von Jessica und Sonja beschrieben, und belauschte sinnfreie Gespräche, die wiederzugeben ich mich nicht traue aus Angst davor, Sie könnten die Lektüre an dieser Stelle beenden.

Nur so viel: Sonja und Jessica hatten recht. Es waren Single-Männer da, es waren Verheiratete da, es war eine Gruppe Männer da. Ein schüchterner Mann saß da und sah so aus, als hätte er vor einer Abfuhr Angst, die er aber natürlich nicht bekam, nein, eine Nette mit dem Namen Doreen (Namen sind bei Huren auch ganz wichtig, niemand will mit einer Dörte poppen) hat sich mit ihm unterhalten, glockenhell gelacht und ihn glücklich gemacht.

Ja, die beiden hatten recht. Aber so was von. Und eigentlich sind die Erklärungen ja ganz einfach, und so ein Mythos ist ein Puff gar nicht. Und die große Frage, die überall und immer wieder thematisiert wird, nämlich die, *warum* Männer in den Puff gehen, ist erst mal ganz leicht zu beantworten: Weil es Puffs *gibt*. Man könnte genauso gut fragen: Warum leckt sich ein Rüde die Eier? Weil er's kann. Gäbe es keine Puffs, könnten Männer ja auch nicht hingehen. Aber – natürlich – gehen sie auch wegen der Frauen hin.

Zum Abschied präsentierte man mir eine Rechnung. Ich sollte knapp 150 Euro für den Sekt bezahlen.
»Sooo viel habe ich doch gar nicht getrunken«, wollte ich mich wehren und kam mir über den Tisch gezogen vor.
»Aber wir. Wir haben ja mitgetrunken«, sagte Sonja und lächelte gütig, und da sagte ich nichts mehr und zahlte klaglos. Das war ja teurer als Blasen! Es war so ähnlich wie im Restaurant: Der Wirt verdient nicht am Essen, sondern an den Getränken. Na ja. Ich kann jetzt jedenfalls mit Fug und Recht behaupten, mal zwei Nutten bezahlt zu haben. Das hat doch auch was.

9. Let's swing!
Alles kann, nichts muss!

Achtung, flacher Witz:
Was macht ein Mathematiker im Swingerclub?
Er zieht seine Wurzel aus einer Unbekannten!

Internet-Weisheit des Tages:
Wikipedia: Ein Swingerclub ist ein Club, in dem sich Swinger treffen.

Es geht um Swingerclubs. Und natürlich habe ich einen besucht. Wenn man den Angaben im Internet glauben darf, gibt es circa 1000 »überregional« bekannte Swingerclubs und circa 2000 kleinere. Das heißt, dass es ziemlich viele Leute geben muss, die einen Swingerclub besuchen, denn sonst gäbe es ja nicht so viele Clubs.

Es ist relativ schwierig, als Autorin oder Journalistin einen Termin in einem dieser Läden zu bekommen, weil man dort natürlich unerkannt bleiben will, und ich musste vorher unterschreiben, dass ich keine Namen außer denen der Besitzer nennen würde (was total schwachsinnig war, ich kannte ja keinen der Leute mit Namen, und die haben sich untereinander auch nicht mit »Ach, da ist ja der Wolfgang Berg, Vorarbeiter bei *Heftrich & Söhne*, einer Baufirma im schleswig-holsteinischen Wedel!« oder »Mensch, Frau Elisabeth Würfelmacher, was macht denn Ihre Boutique *Ellis große Leidenschaft, Mode für die starke Frau ab Größe 52* in der Hamburger Hoheluftchaussee?« angesprochen).

Es war ein sehr kalter Abend, an dem ich mich mit einem

Aufnahmegerät und einem dicken Pullover und einer noch dickeren Jacke in einen Swingerclub am Hamburger Stadtrand begeben habe. Der Wind pfiff um die Häuser, und eigentlich hätte ich lieber gemütliche Stunden auf dem Sofa verbracht, aber ich musste arbeiten. Viele werden nun denken, dass es durchaus Schlimmeres gibt, als in einen Swingerclub zu fahren, und sie haben recht. Ich jammere in der Tat auf hohem Niveau.

Der Club lag in einem gottverlassenen Industriegebiet. Lange Straßen, ein trauriger Bretterverschlag, in dem sich eine Wurstbude befand, in der unter der Woche bestimmt müde Lkw-Fahrer saßen und Bier tranken, und bestimmt durfte man bei Lores Wurst-Treff auch noch rauchen. Wenige Laternen mit dünnem Licht, verlassene Fabrik- und Bürogebäude – kurzum, die ideale Kulisse für einen Serienkiller. Fast war ich enttäuscht, dass kein schwarzgekleideter Mann plötzlich im Lichtkegel meiner Scheinwerfer auftauchte und mich mit einer Pistole bedrohte.

Der Club hieß irgendwas mit Paradise und befand sich in einem alten Pförtnerhaus, das vor einer stillgelegten Fabrik stand. Es war *so* gruselig.

Eine Frau um die fünfzig öffnete mir die Tür und schüttelte meine Hand mit der Kraft eines sibirischen Steineschleppers. Sie trug einen BH mit einer sehr durchsichtigen Chiffonbluse drüber, Strapse und blaue Nylons dazu. Das war ja noch okay, aber ihre Füße steckten in Adiletten in Blauweiß. Es war so merkwürdig. Es passte nicht.

»Ich bin Herta«, sagte die Frau mit heiserer Stimme. »Komm rein, wir haben schon auf dich gewartet.«

Ich folgte ihr durch den Empfangsbereich, in dem sich künstliche Pflanzen befanden, in den Barbereich. Hier saßen einige Leute, tranken Bier oder anderes und starrten mich an. Herta hatte mich wohl angekündigt, jedenfalls hoffte ich das.

Ich schaute mich in dem Raum um. Er war eingerichtet wie eine 70er-Jahre-Kellerbar. Überall Kunstpflanzen, eine Dartscheibe (warum wohl?), an der Wand hinter dem Tresen klebten Postkarten – wahrscheinlich von Gästen –, auf denen ein Strand auf Mallorca oder irgendein See mit einer Wasserfontäne zu sehen war, und auf einer befanden sich zwei Schwäne, die Hälse zu einem Herzen gebogen.

»Das ist die Autorin«, erklärte Herta den Gästen, und mir wurde zugenickt. Hertas Mann Hannes, auch so um die fünfzig, stand mit (wirklich jetzt!) einem Stringtanga in Raubtieroptik hinter dem Tresen und zapfte mir ein Bier, wobei ich zugeben muss, dass mir ein Schnaps lieber gewesen wäre.

»Die Steffi will uns ein paar Fragen stellen«, sagte Herta, und alle schauten mich erwartungsvoll, aber auch misstrauisch an.

»Klaus und ich sind seit siebenundzwanzig Jahren verheiratet.« Silke, die nur einen winzigen Slip und einen roten BH trug, steckte sich eine neue Zigarette an. »Eine lange Zeit. Wir haben drei Kinder, aber die sind alle schon ausgezogen. Tja, und irgendwann haben wir festgestellt, dass wir was ändern müssen. Wir kommen ursprünglich aus Köln, und da geht es ja an Karneval heiß her. Da sind wir zum ersten Mal auf die Idee gekommen, und zwar, als wir mittendrin waren«, erzählt sie. »Wir haben Paare gesehen, die alle untereinander geknutscht und sich befummelt haben, und die fanden das total geil. An dem Abend haben wir noch nichts in die Richtung gemacht, aber am nächsten Morgen haben wir beim Frühstück darüber gesprochen. Weil dem Klaus war das auch aufgefallen mit den Paaren. Bei uns im Bett war nämlich nur noch Routine.« Sie hustete stark, stand von dem mit Kunstleder bezogenen Barhocker auf, es schmatzte, und ich sah entsetzt auf den nassen Fleck, den ihr Hinternschweiß hinterlassen hatte. Silke machte nun Geräusche, die sich so anhörten, als wäre eine Sopranistin mit der Hand in eine angeschaltete Heißmangel gekommen.

»Diese Raucherei wird mich noch umbringen.« Sie setzte sich wieder. »Nur noch Routine. Mal am Samstagabend, mal kurz unter der Woche. Alles war eingefahren. Wir hatten unsere Freunde, sind zum Kegeln gegangen und ich zum Singen« (was ich nicht glauben konnte) »und eigentlich hat uns gar nix gefehlt. Am Wochenende waren wir in unserem Garten, also im Sommer, und da hatten wir auch unsere Leute vom Kleingärtnerverein, da wurde gegrillt und so weiter und so weiter. Ja, und an diesem Abend da an Karneval ist uns, glaube ich, ein Licht aufgegangen. Wir sahen die Leute, die mit Sicherheit später noch gefickt haben, die waren alle in unserem Alter, wir sind 56 und 57, na ja, und dann haben wir uns am nächsten Morgen vor den Computer gesetzt und haben mal geguckt, was es so an Angeboten in der Nähe gibt. Da waren viele Clubs, viele gar nicht weit von uns entfernt, und die hatten an Karneval sogar Motto-Partys.« Sie hustete wieder. »So ging's los. Am selben Abend sind wir los und haben so richtig die Sau rausgelassen.« Nun kicherte sie. »Ich glaube, ich hatte zehn Mal einen Orgasmus. Der Klaus war richtig neidisch. Ich weiß gar nicht mehr, mit wie vielen Männern ich gevögelt hab, sechs waren es bestimmt. Und alle haben zugeschaut.«

»Wie war es mit der Eifersucht?«, fragte ich.

»Klar, das war ein Thema. Wir haben da vorher drüber gesprochen. Es ist ja nicht gut, wenn man in einen Club geht, und plötzlich rastet einer von beiden aus. Aber zumindest bei uns war das kein Problem. Das ist echt wichtig, dass man vorher klare Regeln aufstellt. Viele Paare kommen ja auch nur her, um gemeinsam zu ficken. Für die ist es der Kick, dass andere ihnen zuschauen, und sie schauen anderen gern zu. Die Absprache ist wichtig. Darüber sollte man sich vorher klar sein. Bei uns ist es so, dass wir hier mit anderen ficken, da ist keine Lügerei und keine Heimlichtuerei – und weißt du was? Seitdem ficken wir auch gern wieder. Also wir beide zusammen. Wir sind wieder richtig geil aufeinander.«

Sie begrüßte mit einem Winken ein neues Pärchen, das gerade hereingekommen war. »Mensch, Evi, is ja lange her. Mensch Horst, is ja lange her.«

Die beiden kamen zu uns. »Ja, is lange her. Mensch, Silke, wie geht's denn so, was macht die Bandscheibe, was macht denn der Mann?«

»Die Bandscheibe tut immer noch weh, gestern gerade nach dem Fensterputzen. Ich sag's euch! Und Hannes lässt sich von der Viktoria oben einen blasen.«

»Dann können wir ja was trinken.«

»Du, gern, ich muss aber gleich erst mal was essen. Das Büfett sieht so lecker aus. Das macht die Herta immer gut.«

»Was gibt's denn heute für 'ne Suppe? Klar oder gebunden?«

Und dann kam die Antwort, ich schwöre, ich schreibe die Wahrheit. Die Antwort lautete: »Heute gibt's Erbsensuppe.«

Erbsensuppe!

»Ach, lecker. Hoffentlich mit Wursteinlage und Speck.«

»Hallo«, ich nickte den beiden fröhlich zu.

»Das ist eine Autorin, die schreibt ein Buch über Swingerclubs«, erklärte Silke.

»Nicht nur über Swingerclubs. Über Sex allgemein«, korrigierte ich.

»Ach, echt?«, fragte Evi und schaute mich an, als wäre ich Menschenhändler. Sie war viel jünger als Silke, ich schätze Mitte zwanzig, aber ihr Mann wirkte viel älter als Silke, ich schätze Mitte sechzig. Evi war ziemlich klein, sehr dünn und hatte gemachte Titten. Sie trug viel Schmuck, und er sah teuer aus. Ihre blonden Locken waren perfekt geföhnt, und sie war so geschminkt, wie man sich halt für einen Swingerclub schminkte: tiefroter Lippenstift, viel Rouge, dunkler, lasziv wirkender Lidschatten. Evi sah ein bisschen so aus wie eins der Models in den Katalogen der Erotikversandhäuser. Sie hatte einen schwarzroten Spitzen-BH und Strapse in derselben Farbe an, dazu trug sie rote Strümpfe und rote hohe Lackpumps. Sie sah nicht so intelligent aus, aber so, als ob ihr Sex unglaublich wichtig wäre, was möglicherweise daran lag, *dass* ihr Sex unglaublich wichtig war. Ihr Mann Horst stand jovial dabei und sagte nicht viel. Er hatte schütteres Haar, war in seinem Leben schon zu oft in der Sonne gewesen und trug eine schlichte Unterhose.

»Sagt mal«, wollte ich dann wissen. »Es gibt also heute Abend Erbsensuppe mit oder ohne Wurst, aber davon abgesehen, dass die bestimmt total lecker ist – bekommt ihr davon nicht Blähungen?«

»Ja, kommt vor«, sagte Evi gleichmütig.

»Aber ist das nicht peinlich, wenn man furzen muss?«

»Ach Quatsch«, erklärte Silke und hustete. »Was glaubst du denn, wie es oben in den Zimmern riecht? Da fällt gar nichts mehr auf. Außerdem gibt's nicht immer Erbsensuppe.«

Aha.

»Ist euch das Essen denn so wichtig?«, wollte ich wissen, und alle nickten.

»Natürlich«, sagte eine Frau in einer roten Chiffonbluse

und sonst nichts, die Inge hieß und auch so aussah. Sie war gerade an den Tresen gekommen.

»Das bezahlt man ja mit«, sagte ihr Mann Rocco, der auch so aussah, wie ein Rocco eben aussieht.

»Warum ist das wichtig?«

»Das gehört sich so«, sagte Rocco und kratzte an seiner Tätowierung (ein fauchender Tiger) herum. »Wir zahlen hier pro Paar sechzig Euro. Wenn dann der Hunger kommt, will ich ja nicht mein Käsebrot auspacken. Außerdem kann man bei einem guten Teller Suppe vieles besser im Vorfeld klären.«

Das glaubte ich nun wirklich. Sicher war es besser, bei einer Erbsensuppe die Dinge vorab zu klären.

»Man will ja was bekommen für sein Geld.«

»Ach«, sagte ich. »Das heißt, es wird garantiert, dass man hier andere findet, die mit einem ...«

»... vögeln, sag es ruhig. Kannst auch ficken sagen. Nein, natürlich ist das nicht garantiert. Aber bei uns zum Beispiel, also meiner Frau und mir und zwei anderen Paaren, die kommen etwas später, ist das immer so, dass wir uns richtig verabreden. Ich weiß zum Beispiel, dass der Andy gern meine Frau vögelt. Da hat man schon Sicherheit.«

Er sagte das so, als ginge es um die Auszahlung einer Lebensversicherung. Außerdem war mir etwas nicht ganz klar. »Wieso kommt ihr denn dann hierher und zahlt Eintritt, anstatt euch bei einem von euch zu Hause zu treffen?«, wagte ich zu fragen, und nun war Rocco irritiert. Hinter seiner Stirn arbeitete es – vielleicht zum ersten Mal.

»Das weiß ich jetzt auch nicht«, sagte er dann leicht aggressiv und wendete sich von mir ab. Es war gut möglich, dass er künftige Clubbesuche überdenken würde.

Ich sah mir Evi und Horst noch mal an. Ein seltsames Paar. Sie hätten locker Vater und Tochter, wenn nicht Großvater und

Enkelin sein können. Ich war neugierig, was die beiden zusammengebracht haben könnte, und habe sie danach gefragt.

»Das ist relativ einfach erklärt«, sagte Horst gleichmütig. »Ich bin 67, Evi ist 23. Ich bin dreimal geschieden und habe trotzdem noch so viel Geld, dass ich ganz hervorragend leben kann. Das soll heißen, dass ich extrem viel Geld habe. Ich habe fünf Autos, ein Haus an der Elbe, eins in L. A., eins auf Ibiza, ich habe ein großes Motorboot, und ich muss nicht mehr arbeiten. Ich habe keine Lust mehr, mich mit irgendwelchen Ehefrauen zu streiten. Ich möchte eine junge, gutaussehende Frau haben, mit der ich noch was erleben kann. Der ich Schmuck schenken kann, die es gut findet, verwöhnt zu werden, und die dazu bereit ist, mir entsprechend entgegenzukommen.«

Evi nickte. »Ich finde es gut, dass Horst viel Kohle hat und mir alles schenkt, was ich haben will. Wir wohnen zusammen in seinem großen Haus, und ich kann seine Autos fahren, ständig sind wir im Urlaub, und uns geht es gut. Dass ich als Gegenleistung mit ihm ficke oder, wenn er das will, mit anderen, finde ich völlig in Ordnung. Horst will noch was erleben, ich liebe Sex genauso wie er, und was interessiert mich das Geschwätz von irgendwelchen Leuten? Der Dieter Bohnen macht's doch ganz genauso, und da traut sich keiner, was zu sagen, oder? Klar – viele denken bestimmt: Die ist ja wie eine Nutte. Das ist mir doch egal. Mir geht es gut. Wie lange wir zusammen sind, weiß ich nicht, aber ich weiß, dass wir gern zusammen sind und viel Spaß haben. Seitdem Horst und ich uns kennen, hat er viel bessere Laune, er lacht wieder und hat Spaß am Leben. Und ich ja sowieso. Also – was will man mehr? Wir swingen beide total gern und werden das auch weiterhin tun. Solange wir Lust haben. So. Und jetzt muss ich erst mal was trinken.«

Jemand fragte mich, ob ich Hunger habe, und ich machte mir einen Schnittchenteller zurecht. Das Büfett war wirklich unglaublich üppig, fast wie in einem Hotel. Es gab von Wurst- und Käseaufschnitt über Lachs und verschiedene Salate und Obst und Schokoladenkuchen alles, was man sich vorstellen konnte. Der Laden wurde immer voller, es wurde immer wärmer, was den Anwesenden aber nix ausmachte, denn sie trugen ja kaum was im Gegensatz zu mir. Ich saß auf dem Barhocker, aß Graubrot mit Kalbsleberwurst und war die einzig normal Angezogene unter mittlerweile fast fünfzig Halbnackten.

Silkes Mann kam zurück und sah zufrieden aus. Ich bestellte Wasser, weil ich Angst davor hatte, dass ein weiteres Bier mich hemmungslos machen würde. Außerdem musste ich ja noch fahren. Dazu kam: Mir war so unfassbar heiß. So grauenhaft heiß. Zum Glück tranken die anderen und wurden immer redseliger (»Machst du uns noch ein Piccolöchen?«, »Wollen wir noch ein bisschen Prosetschio?«, »Für mich noch ein Bier«, »Für mich einen Rotwein!«) Es wurde sich unterhalten, und die Unterhaltungen wurden immer schlüpfriger. Evi war eine der Begehrtesten. Es ging um ein Gang-Bang und darum, wer Evi alles ficken durfte. Ihren Mann Horst, das sah ich, machten die Gespräche so geil, dass ihm fast der Sabber aus den Mundwinkeln lief. Evi hockte auf einem der Barhocker und ließ es zu, dass Männer ihre Titten aus dem BH holten und kneteten, und dann machte sie die Beine breit, und ein Mann, den ich vorher noch gar nicht gesehen hatte, kniete sich davor und begann, sie zu lecken.

Ich aß mein Schnittchen und wartete ab, wie es weiterging. Silke, das stellte ich fest, schien es irgendwie nicht so recht zu sein, dass die ganze Aufmerksamkeit auf Evi gerichtet war, und fast hatte ich den Eindruck, dass ein klein wenig Neid im Spiel war. Sie holte nun selbst ihren Busen raus und bot sich den herumstehenden Männern an, die aber noch alle Evi und den leckenden Mann beobachteten. Evi wand sich auf dem Hocker und stöhnte, und ihr Mann stand hinter ihr und feuerte den Fremden an, der sich das nicht zweimal sagen ließ. Und irgendwann tippte Horst Evi auf die Schulter, sie schob den Typen weg, rutschte vom Hocker (nasser Fleck, klar) und ging mit ihrem Mann nach oben. Alle folgten ihnen. Offenbar war jetzt der Gangbang angesagt.

Ich schluckte den letzten Bissen Brot runter und sehnte mich nach einer kalten Dusche, rannte den anderen aber brav hinterher ins Obergeschoss und in den Raum gleich rechts. Der Geruch knallte mir entgegen wie eine Ohrfeige. Es war eine Mischung aus Parfüm, Schweiß, Essen, Gummi und diesem speziellen Geruch, den Sex in einem engen Raum nun mal mit sich bringt. Der Raum war mit einem roten gedämmten Licht beleuchtet, die Luft war zum Schneiden dick. Es lagen Matratzen auf mehreren Ebenen, die mit verschiedenfarbigen Spannbettlaken bezogen waren. Und zwischen den Matratzen standen Kunstpalmen. Die Wände waren mit Tapeten beklebt, auf denen sich Flamingos in einem Teich tummelten. In Bäumen über ihnen turnten Affen. Eine andere Wand war ebenfalls mit einer Fototapete beklebt, und hier war das Meer zu sehen. Überall, auf jeder Matratze, fickten die Leute miteinander. Nicht nur immer zwei, nein, es hatten sich Dreierkonstellationen gebildet (zwei Frauen, die sich in der 69er-Stellung leckten, und ein Mann fickte die eine), es hatten sich Viererkonstellationen gebildet (beide Frauen wurden beim Lecken gefickt), Männer bliesen sich gegenseitig die Schwänze, Frauen saßen auf Männern drauf und bliesen andere Schwänze. Eine Frau saß auf einem Mann, und ein anderer bumste sie noch anal, und alle schrien durcheinander und schienen viel Spaß zu haben.

Ich versuchte, Luft zu bekommen, und machte mir Notizen. Mit einem hatte man recht gehabt: Der Gestank von Erbsensuppenpupsen würde hier nicht auffallen. Das ganz sicher nicht.

Ich verließ den Raum, atmete durch und suchte den nächsten auf. Es war die sogenannte Hundehütte. Ich musste auf allen Vieren durch eine kleine Öffnung kriechen. Die Hundehütte war total klein, und das schien Absicht zu sein, denn die Leute mussten sich beim Vögeln untereinander zwangsläufig berühren. Und das führte natürlich zu mehr. Hier gab es einen Clou: Je lauter die Menschen stöhnten, desto heller wurde eine Lichtorgel. Sagte niemand was, war es dunkel, schrie man, war es hell, und man konnte gut erkennen, was alle trieben: wildes Durcheinandergerammel.

Weil ich Angst hatte, dass ich in der Enge (ich wurde schon angefasst) zu Oralverkehr oder mehr gezwungen werden könnte, verließ ich diese Hütte wieder in der Kriechstellung und stand kurze Zeit später vor einer spanischen Wand. Frauen knieten vor Öffnungen und bliesen die Schwänze der Männer, die ihre Dinger da durchgesteckt hatten. Welcher Schwanz zu welchem Mann gehörte, konnte man nicht sagen. Sprich: Die Frauen wussten nicht, welche Schwänze sie im Mund hatten und die Männer nicht, wer sie blies.

Dann gab es noch einen Raum, aus dem lautes Geschrei ertönte. Ich betrat ihn und sah Evi auf einer Art Bock liegen. Um sie herum fünf Männer, ein sechster fickte sie gerade, während sie den Schwanz eines anderen blies und wiederum den Schwanz eines anderen wichste. Der Fickende schien zu kommen, trat dann weg, und der nächste kam und begann. Evis Mann stand daneben und ließ sich von einem anderen Mann einen blasen. Es gab hier auch noch einen gynäkologischen Stuhl, auf dem eine Frau lag und sich bumsen ließ, und es gab eine Liebesschaukel, in der ein Mann hing und sich von einem anderen Mann vögeln ließ. Ich machte mir Notizen und ging wieder nach unten, um mich erneut umzuschauen.

Es war irgendwie bizarr. Da saßen bunt durcheinandergewürfelt Menschen an einem Tresen, alle in mehr oder weniger nichts gekleidet und stärkten sich mit Getränken und Essen vom leckeren Büfett, bevor es zur Sache ging.

»Wir sind schon lange Swinger«, erklärte mir Herta, die Besitzerin des Clubs. »Wie bei so vielen war bei uns die Luft raus. Und seit drei Jahren haben wir jetzt einen eigenen Laden. Ich mach das hauptberuflich, mein Mann macht das jetzt nebenberuflich, er hat noch einen Job.«

»Aha. Was machst du denn?«, fragte ich Hannes.

»Ich bin bei der Steuerfahndung.«

»Ach.«

»Ja. Da brauch ich hin und wieder Abwechslung. Das hier ist ja ein netter Ausgleich.«

»Das stimmt sicher«, sagte ich, weil ich nicht wusste, was ich sonst sagen sollte. Ich bin ja nicht auf den Mund gefallen, aber manchmal gibt es eben Situationen, die einen überfordern, und es müssen gar keine besonders schlimme sein. Es war so skurril, weil Hannes das so ernsthaft sagte, als sei es das Natürlichste von der Welt, dass ein Swingerclub ein Ausgleich zur Steuerfahndung ist. Aber das stimmt ja auch.

Ich beschloss, später mit dem Taxi nach Hause zu fahren, weil ich doch noch ein Bier oder auch acht oder neun trinken wollte. Und dann unterhielt ich mich weiter mit den Gästen. Ich musste feststellen, dass es mehrere Sorten Swingerclub-Gänger und -Liebhaber gibt:

- *Paare zwischen fünfzig und sechzig*, bei denen es sexuell langweilig geworden ist. Die Kinder aus dem Haus, jeder Tag läuft gleich ab, es gibt keine Höhen und keine Tiefen. Abends Tagesschau, im Sommer mit Nachbarn oder Freunden grillen, Rasen mähen, Unkraut jäten, Kuchen für die Enkelkinder backen, Urlaub im Harz, im Schwarzwald oder auch mal in der DomRep (Ausnahme). Sex wird immer weniger und ist irgendwann nur noch Pflichtübung. Entweder hatte man mal eine Affäre oder Seitensprünge, aber an Trennung wurde nie gedacht, weil man das halt nicht machte, so man es denn überhaupt wusste. Und irgendwann die Frage: Was kommt denn noch? Das ist auch beim Sex irgendwann die Frage: Was kommt denn noch? Auslöser kann eine Doku im Fernsehen oder – wie bei Silke und ihrem Mann – der Karneval sein.

Man bespricht sich, wagt das Wagnis, stellt fest, dass insgesamt alles besser wird, nicht nur das Sexleben, und man plötzlich insgesamt viel fitter und agiler ist, weil man sich attraktiv fühlt. Klar gibt es auch Neid und Eifersüchteleien in einem Club, so wie kurz bei Silke, aber auch sie hat schließlich ihren Spaß gehabt, wie ich später noch feststellen konnte.

Diese Leute erleben also sozusagen ihren zweiten Frühling. Zwischen ihnen herrschen klare Absprachen, sie sagen sich alles und haben Spaß.

Die Leute, mit denen ich gesprochen habe, haben das jedenfalls so erzählt. Sie haben schon einiges erlebt in ihrem Leben und Höhen und Tiefen gehabt. Sie vertrauen sich, ihre Partnerschaft ist ihnen wichtig, und die Basis stimmt.

● *Paare um die zwanzig.* Meistens ist es für beide die erste feste Beziehung, beide sind sexuell sehr aufgeschlossen, tolerant und experimentierfreudig. Sie wollen alles ausprobieren und tun das auch. Diese Paare wollen meistens das volle Programm.

Sina (21) und Mike (22) sind seit einem halben Jahr zusammen. Sie haben sich im Internet über eine Kontaktanzeige kennengelernt. »Ich hatte keine Lust, lange zu suchen«, erklärte Sina mir in einem Swingerforum. »Ich wollte einfach einen Partner, mit dem ich all meine sexuellen Phantasien ausleben kann. Dafür sind so Swingerseiten echt gut. Es haben sich irre viele Typen gemeldet, und natürlich gibt es total viele Fakes, aber wie man sieht, sind auch echte dabei. Ich war schon immer ein neugieriger Mensch, bin aber streng erzogen worden. Ich sag nur: jeden Sonntag in die Kirche. Katholisch. Danach Sonntagsbraten und abends Hausmusik. Grauenhaft. Ich bin mit 18 von zu Hause ausgezogen und hatte dann erst meinen ersten Freund. Und tatsächlich auch dann erst den ersten Sex. Vielleicht liegt's an meinem strengen Elternhaus, dass ich so tabulos bin. Aber mir macht es Spaß. Mit Mike noch mal mehr. Er ist genau wie ich, und das ist total geil. Eifersucht ist absolut kein Thema. Im Gegenteil, ich finde es super, alles auszuprobieren. Warum denn auch nicht? Man lebt doch nur einmal. Und über so einen bigotten Kram, wie ich ihn daheim erlebt habe, von wegen die Ehe ist heilig, da kann ich nur lachen. Mein Vater ist ständig fremdgegangen, meine Mutter hat es auch ganz genau gewusst, aber nichts gesagt. So ist das ja oft. Sie war immer nur Hausfrau, und er hatte das Sagen. Grauenhaft. Nein, ich mag die Freiheit in jeder Hinsicht, nicht nur sexuell. Aber den Sex natürlich auch, der ist wichtig. Ich will alles erleben.«

»Was hast du denn schon alles gemacht?«

»Dreier, Vierer, mit Frauen, Gangbang, wir haben uns schon mit Fremden getroffen, die wir vorher noch nie gesehen haben, ein Blind Date mit Ficken quasi, das war echt geil. Im Hotel. Mike hat es schon mit einem Mann gemacht, und ich hab schon viele mit einem Umschnalldildo gefickt. Und hier im Club geht ja eh immer die Post ab. Manchmal knie ich mich einfach hin und jeder kann mich von hinten nehmen. Ich sehe auch unheimlich gern zu, wenn Mike von einem Mann gefickt wird oder selber einen rannimmt. Aber auch wenn er 69 mit einer Frau macht und die dabei gevögelt wird. Oder beide. Dieser Voyeurismus macht uns extrem an. Wir finden es beide extrem erregend, wenn uns andere zuschauen – nicht nur, wenn wir zusammen Sex haben. Sondern allgemein.«

»Was willst du noch erleben?«

»Wir haben für den Sommer einen Swinger-Segeltörn gebucht. Wir sind acht Paare auf einem Boot und segeln zehn Tage durchs Mittelmeer. Den ganzen Tag geht es ab. Ich wette, das wird der Hammer. Und Parkplatzsex will ich noch machen. Aber nicht alles auf einmal. Momentan gehen wir unheimlich gern hierher in den Club und haben auch echt schon nette Leute kennengelernt, mit denen wir uns auch privat treffen. Einfach so zum Grillen. Letztes Jahr zum Beispiel hatten wir ein großes Grillfest bei uns im Garten. Da hatten wir auch zwei Paare eingeladen. Wenn die Nachbar gewusst hätten, woher wir die kennen … Andererseits: Woher weiß ich, was meine Nachbarn so treiben? Es gibt ja nicht umsonst so viele Clubs.«

• *Ältere Männer, jüngere Frauen* (siehe Horst und Evi). Meistens hat er viel Kohle (es kommt auch vor, dass der Mann nicht so gut aussieht), die Frau hat eher nicht studiert und ist sehr auf Äußerlichkeiten bedacht. Er bezahlt sie quasi dafür, dass sie alles mitmacht, was er sich sexuell wünscht, und sie ist bereit dazu.

• *Einzelne Männer.* Ein schwieriges Thema. Einzelne Männer, so könnte man jetzt sagen, hätten ja auch die Möglichkeit, in den Puff zu gehen. Aber der ist teurer. In einem Swingerclub müssen sie zwar die höchsten Preise bezahlen, trotzdem ist es noch billiger. Einzelne Männer werden nicht so gern gesehen. Man denkt sofort, dass sie im wahren Leben keine Frau abkriegen (was leider auch öfter der Fall ist), weil sie entweder zu wenig Geld haben, nicht gut aussehen oder irgendwie verhaltensgestört sind. Einzelne Männer irren in einem Swingerclub meistens herum wie einsame Wölfe auf der Suche nach einem passenden Rudel und gelten oft als notgeil. Worauf sehr viele Clubbesitzer allergisch reagieren, ist, wenn solche Männer Nutten mitbringen und die als ihre Partnerin ausgeben, weil sie dann weniger Eintritt bezahlen müssen. Die Nutten sitzen dann oft gelangweilt herum, und die Männer wollen natürlich so viele Frauen wie möglich beglücken. Nutten will niemand in seinem Club haben, denn die Philosophie der Clubs ist ja, dass alle freiwillig Sex machen und nicht für Geld (vom Eintritt mal abgesehen).

- *Einzelne Frauen oder zwei Frauen gemeinsam.* Herrlich! Alle Clubs lieben einzelne Frauen. Die müssen meistens keinen Eintritt bezahlen. Einzelnen Frauen würde man nie nachsagen, notgeil zu sein, auch wenn sie's sind. Sie sind natürlich wie alle zum Ficken hier, senken aber den Männerüberschuss. Diese Frauen sind mutig, wollen was erleben und holen sich, was sie brauchen.

Jeder Swingerclub hat übrigens seine festen Regeln. Das Credo von allen: Alles kann, nichts muss. Ein Nein ist ohne Diskussion zu akzeptieren. Wenn man jemanden anfasst und der oder die die Hand zurückschiebt, gilt das ebenfalls als Nein. Die Inhaber sind rigoros, wenn es darum geht, das durchzusetzen.

»Es sind überwiegend die einzelnen Männer, die glauben, sich alles herausnehmen zu können, bloß weil sie viel Eintritt gezahlt haben«, erklärt mir Herta, die Inhaberin. »Die wollen ein Nein einfach nicht akzeptieren. Viele denken, wenn man hier reinkommt und bezahlt hat, müssen alle anderen mitmachen. Die lesen sich noch nicht mal die Clubregeln durch. Und dann wundern sie sich, wenn sie angeblafft werden. Viele sind einfach aufdringlich und kapieren nicht, dass es hier darum geht, dass man gern miteinander fickt, aber dass Frauen nicht automatisch Freiwild sind. Ja, es sind meistens die Männer, die allein gekommen sind, die auffallen, und die fordern wir aktiv auf, zu gehen.« Sie nickt mit Nachdruck. »Da sorgt mein Mann dann schon für. Der hat noch jeden vor die Tür gekriegt. Zweimal gab es sogar schon eine Prügelei, weil die Typen nicht eingesehen haben, dass sie Scheiße gebaut haben. Und alle, die rausgeschmissen werden, wollen ihr Geld zurück. Dabei stehen auf unserer Homepage die Regeln und im Eingangsbereich auch noch mal. Wer sich nicht benehmen kann, fliegt raus.«

»Wie sieht es eigentlich mit Safer Sex aus?«

»Es gibt Pariser für jede Schwanzgröße, das ist wohl klar. Und die werden auch angenommen. Trotzdem kommt es natürlich vor, dass ohne Schutz gebumst wird. Was sollen wir da machen? Die Leute sind alle erwachsen und sollten wissen, was sie tun. Wir können es nur immer wieder sagen und auch aufschreiben, das tun wir auch. Dass irgendwas passiert ist, haben wir allerdings noch nicht gehört. Aber wie gesagt, da steckt man nicht drin. Das muss jeder für sich selbst verantworten.«

Ich bin noch ein wenig geblieben, trank eine Apfelschorle und sah mir die Leute an. Sie unterhielten sich, lachten, sprachen über eine Mottofete, die nächsten Samstag stattfinden würde, diesmal unter dem Motto »Ganz in Weiß«, alle sollten weiße Klamotten anhaben. In der hinteren Ecke des Erdgeschosses war eine kleine Tanzfläche mit einer Discokugel, zu Musik aus den Achtzigern tanzten einige Leute, nackt, in Strapsen oder Tangas, und alles war wie in einer normalen Kneipe, nur dass man hier eben auch miteinander fickte und ganz offenbar seinen Spaß hatte. Ohne bigotte Sprüche, Heimlichtuerei und Lügerei. Wer hier war, war ehrlich.

Nicht jeder ist der Typ für einen Swingerclub, aber niemand sollte solche Clubs belächeln oder eklig finden. Warum denn auch? Hier treffen sich Leute, die das tun, was die Menschheit tut, seitdem es sie gibt. Sie tun es gemeinsam, und sie haben ihren Spaß dabei. Sie tun niemandem weh (ob jetzt einzelne Herren und Damen ihre Partner betrügen, sei dahingestellt, aber reden wir jetzt mal von den Paaren), und ihnen tut es offensichtlich gut. Also: Was soll's? Das Leben ist zu kurz für unklare Dinge.

10. »Halt doch mal kurz da vorne an.« Parkplatzsex (und andere Fetische)

Internetfund des Tages:
»Es sollte schon sichergestellt sein, dass derjenige, der sich auf dem Parkplatz befindet, auch wirklich an Parkplatzsex Interesse hat. Es ist schon vorgekommen, dass Paaren, die einfach so an einem der Rasttische saßen und ihr Brot aßen, an die Wäsche gegangen wurde. Das ist natürlich nicht so schön.«

Auch heute treffen sich in ganz Deutschland wieder Paare auf den Rastplätzen, um zu ficken und sich dabei zuschauen zu lassen. Sehen und gesehen werden ist zu jeder Jahreszeit auf den Parkplatzsex-Treffpunkten angesagt.

So eine Information über Parkplatzsex in einem Forum. Natürlich ficken dort nicht nur Paare untereinander, es wird auch mit Fremden gevögelt. Diese Form der Sexvorliebe bezeichnet man auch als »Dogging«, und dieser Begriff kommt aus Großbritannien, wurde, so liest man, in den 1970er Jahren publik gemacht, und damals wurden damit Menschen bezeichnet, die einen Spaziergang mit ihren Hunden vortäuschten, um Leuten, die Sex im Freien hatten, zuzuschauen. Voyeure also. Oder Doggers. Heute heißt es meistens Parkplatzsex, und seitdem es Internet gibt und die speziellen Seiten, kann man sich vorher erkundigen, wo was stattfindet. Der Mann mit dem Hund also muss nicht auf gut Glück loslaufen, das hat ja auch was.

Himmel, dachte ich an diesem Maiabend. Das darf ich niemandem erzählen. Was totaler Quatsch war, denn deswegen stand ich ja auf dem Parkplatz der A7 kurz hinter Neumünster. Claudi und Alexander wollten gegen 22 Uhr hier sein. Da war es schon dunkel, aber noch nicht mitten in der Nacht, und wenn ich den beiden glauben durfte, würde es hier zu dieser Stunde mehr Verkehr geben als am Frankfurter Kreuz an einem Montagvormittag. Noch war der Parkplatz leer. Er sah aus wie jeder andere Parkplatz eben. Drei lange Holztische mit Bänken, Papierkörbe, ein Schild mit dem Hinweis, dass man seinen Müll bitte entsorgen und nicht auf den Boden werfen möge. Vögel zwitscherten lustige Liedchen, Autos brausten vorbei, und das Wort »Sex« passte zu diesem Ort so wenig wie »Lust auf ein abenteuerliches Leben« zu einem Finanzbeamten. Ich hatte meinem Mann erzählt, ich würde zu einer Tupperparty gehen, deswegen war ich auch schon seit Stunden hier, weil Tupperpartys normalerweise nicht erst um zehn Uhr abends anfangen.

Jedenfalls fand ich die Vorstellung extrem gruselig, dass sich Leute auf einem Parkplatz treffen, um da miteinander oder mit Fremden Sex zu haben. Um sich beim Sex zuschauen zu lassen oder anderen zuzugucken.

Gru-se-lig.

Man kennt sich doch gar nicht!

»Klar, es gibt Paare, die sind voyeuristisch drauf, die wollen nur zugucken oder sich zugucken lassen. Aber viele wollen es auch mit Fremden treiben. Das ist ja bei manchen der Kick«, hatte mir Claudi in einem Chatroom einer einschlägigen Parkplatzsex-Seite im Internet erklärt. Da einfach hinzufahren, sich auf die Motorhaube legen und nicht zu wissen, wer dich fickt.«

Vielleicht hatte ich damals keinen guten Tag gehabt, aber ich konnte es mir einfach nicht vorstellen. Ich malte mir sofort wieder die grauenhaftesten Szenarien aus (ein Massenmörder, der am Morgen festgestellt hatte, dass es mal wieder an der Zeit ist, ein Messerliebhaber, der ein neues Messer ausprobieren will und so weiter), tat aber so, als sei ich ein sehr offener Mensch, was ich ja eigentlich auch bin. Claudi und Alexander fuhren regelmäßig auf diesen Parkplatz, gerade am Wochenende soll hier die Post abgehen.

»Oft fickt man auch gar nicht direkt auf dem Parkplatz«, sagte Claudi, »sondern steigt entweder in die Autos oder man geht nach hinten ins Wäldchen. Das sind dann die, die nicht beobachtet werden wollen. Die sich hier kennenlernen, aber dann allein sein wollen. Aber das zeigen wir dir dann.«

Claudi machte im Chat und dann später am Telefon einen total normalen und netten Eindruck. Und sie war sehr hilfsbereit und offen. »Cool, ein Fickbuch«, sagte sie. »Kann ich da jemanden grüßen?«

»Leider nicht«, sagte ich. »Wenn ich noch beim Radio wäre, würde das gehen, aber so nicht. Wenn ich alle Leute, die ich interviewe, wiederum andere im Buch grüßen lassen würde, wäre das Buch mit diesen Grüßen voll und sonst mit nichts.«

»Das ist wahr.« Claudi kicherte. »Aber ist auch so cool.«

Es wunderte mich, dass sie so offenherzig war. Sie erzählte mir, dass sie in Schnelsen wohnte, bei einem Internisten arbeitete und in ihrer Freizeit Salsa tanzte und Italienisch lernte. Demnächst wollte sie auch einen Nähkurs machen, das sei cool. Ihr Freund, der Alexander, hatte einen Imbiss, und ihr machte es nichts aus, wenn er nach Fett roch. Sie wohnten nicht zusammen, wollten das aber demnächst in Angriff nehmen.

»Wir ficken total gern«, schrieb mir Claudi im Chat. »Und wir brauchen beide den Kick. Der Kick ist das, worauf es uns ankommt.«

Das Wort Kick begann mir auf die Nerven zu gehen, aber ich sagte nichts. »Warum?«

»Weil wir echt schon alles gemacht haben. Bei uns ist das so, dass wir nach einer gewissen Zeit immer was Neues brauchen. Das ist eben so. Andere Leute brauchen immer neue Computer oder Fernseher oder iPhones oder was weiß ich, bei uns sind es die neuen Kicks beim Sex. Und Parkplatzsex ist total aufregend, wegen ...«

»... des Kicks.« Ich lernte dazu.

»Ja. Komm einfach übermorgen, wie wir abgesprochen haben, dann kannst du dir ein Bild davon machen.«

»Wie erkenne ich euch?«

Sie überlegte kurz. »Ich halte einen grünen Apfel in meiner Hand über dem Kopf. Das macht sonst bestimmt niemand.«

Was ich auch sofort glaubte.

Jedenfalls war ich zu früh. Ein roter Mercedes bog auf den Parkplatz ein und parkte direkt neben mir. Die Leute (ein älteres Ehepaar in Gesundheitsschuhen) stiegen aus, gingen ein paar Schritte und machten dann Gymnastikübungen. Ich stieg ebenfalls aus, weil ich mich aus welchen Gründen auch immer verdächtig fühlte, wenn ich so alleine in einem Auto auf einem Parkplatz saß, und ging ebenfalls ein paar Schritte. Ich wollte nicht, dass die Leute dachten, ich sei auf den Parkplatz gefahren, weil ich heulen musste oder so. Die Leute lächelten mir zu, und ich lächelte zurück, dann sagte der Mann: »Eine Pause zwischendurch muss sein. Wir wollen heute noch bis nach Dänemark.«

»Ja«, sagte ich verständnisvoll. Ich sagte nicht: Ich muss nicht nach Dänemark. Ich warte hier auf die Dunkelheit und darauf, dass sich Leute zum Geschlechtsverkehr treffen.

Ich beschloss, noch mal wegzufahren, weil ich mir blöd vorkam. Es war erst halb acht, was sollte ich solange auf dem Parkplatz tun? Also nickte ich den Leuten zu, stieg ins Auto und brauste davon. Ich konnte mir nicht vorstellen, dass zweieinhalb Stunden später laut Claudi hier »die Post abgehen« würde.

Ich fuhr in der Gegend herum und kam gegen 22 Uhr zurück auf den Parkplatz. Jetzt war es fast dunkel, und ich musste feststellen, dass der rote Mercedes weg, dafür ganz schön viele andere Autos da waren. Aber kaum Leute. Da stand nur eine junge Frau und hielt einen Apfel hoch. Der aber war rot. Ich parkte, stieg aus, betätigte die Fernbedienung und begab mich zu der Frau.

»Claudi?«

»Hey!«, freute sie sich und ließ den Arm sinken. »Ich hatte keinen grünen Apfel mehr«, entschuldigte sie sich. »Aber so ging es ja auch. Komm mit.« Sie zog mich mit sich auf einen kleinen Trampelpfad, und jetzt hörte ich plötzlich Geräusche. »Da vorn ist Alex!« Sie deutete auf einen jungen Mann, der eine Frau beglückte, die sich gebückt an einem Baumstamm festhielt und laut stöhnte.

»Cool, was?«

Nicht nur ihr Freund, sondern alle rammelten hier durcheinander.

»Sind das alles Fremde, also haben die sich noch nie vorher gesehen?«, wollte ich wissen, und Claudi überlegte kurz.

»Bestimmt sind hier welche, die schon mal was miteinander hatten«, sagte sie dann. »Viele kommen ja regelmäßig hierher. Aber die meisten sehen ja noch nicht mal, mit wem sie's treiben.«

»Das heißt, dein Freund hat diese Frau noch nie gesehen und weiß nicht, woher sie kommt, wie sie heißt und was weiß ich?«

»Nö. Wieso denn auch? Das kann man doch überall haben? Das ist doch der Kick.«

»Liest du den Kicker?«

»Hä?«

»Schon gut. Vergiss es einfach.«

Die Leute kamen und gingen. Der Trampelpfad war gut besucht. »Normale« Leute, die den Parkplatz anfuhren, bekamen garantiert nichts mit, es sei denn, sie würden den Pfad entlanggehen, aber wer tat das schon bei Dunkelheit? Außerdem rechnete wohl kaum einer mit so was.

Zwei Stunden später – die Tupperparty dauerte heute sehr lange – war abzusehen, dass niemand oder zumindest nur noch selten jemand »Normales« auf den Parkplatz fahren würde, immer neue Autos kamen, und nun begann eine richtige Orgie. Wie Claudi es beschrieben hatte, die Post ging ab. Auch auf den Motorhauben. Eigentlich überall. Nur nicht in den Baumkronen.

Ich schaute mir das Spektakel recht lange an, dann waren die ersten erst mal fertig, und ich ging zu ihnen und fragte sie, ob sie mir ein bisschen was über ihre Vorliebe erzählen wollten. Viele sagten nein, die hier sagten ja:

Mary (26):

»Ich habe überhaupt keine Lust auf eine feste Beziehung, und ich habe auch keine Lust, mir im Internet einen Typen zu suchen. Hatte ich alles schon. Ich will schnellen, harten Sex, und ich will kein großes Drumherumgelaber. Wenn ich hierherkomme, weiß jeder, was ich will. Safer Sex ist mir wichtig, deswegen hab ich immer Kondome dabei.«

»Woher weißt du denn, dass der Typ dann auch das Kondom überstreift?«

»Der hat ja wohl auch keinen Bock auf Krankheiten, oder?«

»Das weiß ich nicht.«

»Ich auch nicht.«

Raoul (42):
»Mit meiner Frau läuft schon lange nix mehr. Ist mir auch egal. Ich bin beruflich viel mit dem Auto unterwegs, und im Netz gibt's ja glücklicherweise genügend Seiten, auf denen verzeichnet ist, wo die Treffs sind. Manchmal fällt man rein, aber oft ist es auch total geil. Ich könnte ja auch zu einer Nutte gehen, aber das Geld spar ich lieber. Hier sind genügend Weiber, die es scharf finden, wenn ich ihnen einen verputze. Manchmal spritz ich zwei- oder dreimal an einem Abend ab. Mich macht es auch geil, wenn die anderen zugucken. Man muss nur auf sein Geld und seinen Autoschlüssel aufpassen. Es ist schon vorgekommen, dass was geklaut wurde, und dann steht man plötzlich ohne Geld und Wagen da.«

Verhütung? »Nein, ich bin sterilisiert.«

Boris (54):
»Ich bin Psychotherapeut, und ja, ich steh auf den schnellen Sex. Warum? Weil er anders ist, schmutziger, verwegener. Diese Art von Sex passt in keine Norm. Die Zeiten haben sich geändert und ändern sich immer weiter. Durchs Internet sind wir alle hemmungsloser geworden, und vieles ist einfacher. Man muss doch nur noch nach den geheimen Vorlieben googeln. So nach dem Motto: Gucken darf ich ja, ist nicht verboten. Und schon sieht man die Möglichkeiten! Wenn man sich mal überlegt, dass es vor hundert Jahren in der guten Gesellschaft noch verpönt war, seine Frau von hinten oder überhaupt zum Lustgewinn zu vögeln – und jetzt hast du jede Möglichkeit der Welt. Du kannst deine ganzen vermeintlich perversen Träume real ausleben. Ein paar Klicks, und schon geht's los. Den Menschen wird es einfacher gemacht. So ist das nun mal.«

»Aber warum so anonym und schmutzig?«

»Weil wir immer und immer und immer mehr wollen. Weil die menschliche Phantasie nicht einfach aufhört ab einem gewissen Punkt. Angenommen, du hast dein erstes Auto. Du bist glücklich und zufrieden. Irgendwann willst du ein größeres Auto. Eine größere Wohnung. Mehr Schmuck. Erst eine Wohnung, dann ein Haus, dann eine Villa. Ich sag damit nicht, dass das automatisch realisierbar ist, aber der Wunsch ist da. Beim Sex ist es sogar einfacher – das ist ja alles realisierbar. Easy eben.«

Parkplatzsex – eine sexuelle Vorliebe, die man auf Anhieb versteht (die meisten jedenfalls) und die man – zumindest ansatzweise – nachvollziehen kann (ohne dass man sie mögen muss). Aber es gibt noch einige andere Vorlieben oder Fetische, die es zu erwähnen lohnt (neben dem schon angesprochenen Strumpffetischismus). Für alle Interessierten hier eine kleine Liste

Agalmatophilie:
Starke sexuelle Zuneigung zu nackten Statuen. Eine andere Form ist die Erregung durch Gemälde, auf denen sich Leute befinden, oder Gummipuppen. Hauptsache, nackt, und Hauptsache, sie bewegen sich nicht, wie übrigens die meisten »Dinge«, auf die Fetischisten stehen. Der Begriff »Fetisch« wurde im Übrigen einstmals zur Verehrung von leblosen Gegenständen benutzt.
Wohin müssen Sie? Fahren Sie nach Wien in den Schlosspark von Schönbrunn! Sie werden direkt nach der Ankunft den ersten Orgasmus haben!

Amelotatismus:
Man wird durch Menschen mit fehlenden Gliedmaßen erregt.
Wohin müssen Sie? Überall dahin, wo es entweder Tretminen und/oder Krieg gibt. Um es einfacher zu gestalten, machen Sie sich einen netten Fernsehabend und schauen sich »Fackeln im Sturm« oder »Stalingrad« an. Ist vielleicht ein bisschen gemütlicher.

Ballettstiefel (ja, Stiefel!):
In diesen Schuhen kann man nicht wirklich gehen, die Füße sind komplett gestreckt und tun nach einer Zeit ganz schön weh. Es gibt übrigens auch die Variation in Form eines Pferdehufs. Für Ponyspiele, auch Pet-Play genannt.
Was tun? Besorgen Sie sich ein Abo fürs Ballett, und dann nix wie ab ins Opernhaus.

Bodybag:
Ein Sack meistens aus Leder, Latex oder Lycra. Der sitzt im Idealfall ganz eng, und die Person, die ihn trägt, kann sich nicht bewegen, und das wiederum macht den Reiz für das »Opfer« oder für beide Parts aus. Denn der im Sack eingeschlossene Mensch ist ja nun ausgeliefert. Es gibt auch Varianten: Saunasack zum Schwitzen oder ein »Mermaid Suit«, ein Meerjungfrauenanzug, der unten am Ende Flossen hat.
Was tun? Laufen Sie doch mal mit einem Messer in der Hand auf der Straße rum und rufen Sie Sachen wie: »Ich werde Euch alle töten! Ich bin der Messias und habe einen Auftrag!« Schon bald werden lustige, kräftige Männer kommen und Sie einfangen. Dann werden Sie in eine witzige weiße Jacke gesteckt, die fest zugebunden wird. Wenn Sie Glück haben, bleiben Sie ganz schön lange in dieser Jacke. Sie müssen sich nur ständig danebenbenehmen.

Feeding:
Hierfür sind zwingend zwei Personen erforderlich: Der sogenannte Feeder und ein Feedee. Also einer, der gefüttert wird (Feedee), und einer, der füttert. Tja, und beide Parts finden es scharf, dass der eine füttert und der andere gefüttert wird, und zwar so lange, bis das Fett-Wunschgewicht erreicht wird.

Wohin müssen Sie? Ich empfehle McDonald's oder die Nähe einer großen Mischmaschine, in der die Zutaten für Hausmacher Leberwurst zusammengemixt werden. Oder überall dahin, wo kein Futterneid herrscht, haha.

Olfaktophilie:
Geruchsfetischismus. Menschen werden erregt, wenn sie an Unterhosen, Strümpfen, Schuhen usw. riechen, die einen speziellen Eigengeruch haben.

Wohin müssen Sie? Ziehen Sie in die Umkleidekabine eines Fitnessstudios. Sie werden sehr glücklich sein.

Klismaphilie:
Erregung durch das Verabreichen oder Erhalten von Einläufen.

Was tun? Melden Sie sich als freiwilliges Übungsobjekt im Krankenhaus.

Capnolagnia:
Rauchfetischmus. Man findet es scharf, anderen beim Rauchen zuzuschauen. Die rauchenden Personen machen den Fetischisten geil.

Was tun? Schwierig, seitdem das Nichtrauchergesetz in Kraft getreten ist. Ich empfehle die Raucherkneipen, die es glücklicherweise in fast jeder Stadt noch gibt. Man sieht zwar kaum was, weil ständig Nebel herrscht, aber wenigstens rauchen alle.

Trichophilie:
Erregung durch Haare.

Wohin? Na, wo wohl? In den nächsten Friseursalon. Oder zum Perückenhersteller. Oder Sie schauen sich die Sissi-Filme an und stoppen immer an den Szenen, bei denen die Kaiserin sich die vier Meter langen Haare kämmen lässt.

11. Darf's ein bisschen mehr sein? Kaffee und Kuchen mit der Domina Lady Saphira

Lady Saphira erinnerte mich auf der Stelle an eine Frau, die ehrenamtlich in einem Krankenhaus bei Patienten, die keine Angehörigen hatten, am Bett sitzt und sich deren Sorgen und Probleme anhört, sie tröstet und ihnen Bücher und Obstsäfte mit wenig Säure bringt, nach deren Genuss man nicht aufstoßen muss. Sie war nicht besonders groß, sehr mollig und hatte schwarze Haare, die sie schon lange färbte, weil sie aufgrund einiger Schicksalsschläge, über die sie aber nicht reden wollte, früh ergraut war. Sie färbte selbst, seitdem ihr langjähriger Friseur Ulf der Liebe wegen zu seinem Freund ins Glottertal gezogen war.

Lady Saphira residierte in einer großen Altbauwohnung auf dem Kiez und begrüßte mich mit den Worten: »Ich habe einen versunkenen Kirschkuchen gebacken.«

Ich muss zugeben, dass ich lange nach einer Domina recherchiert hatte. Ich wollte keine Hobby-Domina, ich wollte eine gestandene Frau, die wirklich Erfahrung hatte, sich also tatsächlich auskannte, und nicht irgendein Dummchen, das meinte, wenn es einmal das Wort »Gerte« benutzte, würde jeder in Ohnmacht fallen. Ich hatte mich fast totgegoogelt und war dann auf die Homepage von Lady Saphira gestoßen. Ich habe mir jede Unterseite angeschaut und durchgelesen und sie dann angerufen und gehofft, dass sie einem Interview zustimmen würde. Erst war sie skeptisch und ablehnend, aber dann sagte sie doch ja.

Und nun saß ich hier. Es war ein Sommersonntag, 15 Uhr. »Sonntags ist nie so viel los«, erzählte sie, während wir in einem ihrer Privatzimmer saßen. »Das ist Familientag. Es sei denn, es ist Messe. Aber momentan ist Urlaubszeit und auch keine Messe, deswegen passt das gut. Also, was willst du denn wissen?«

Zuerst mal das Übliche: Lady Saphira (59) heißt in Wahrheit Dora B., kommt aus Hamburg-Wilhelmsburg, ist in, wie sie sagt, normalen, einfachen Verhältnissen groß geworden, der Vater war in einem Elektrobetrieb angestellt gewesen, die Mutter hatte in einem Supermarkt an der Kasse gesessen. Dora hat vier Geschwister, sie hatten in einer kleinen Wohnung gelebt. Der Vater hatte nicht getrunken und seine Familie nicht geschlagen, im Gegenteil, er war sehr häuslich gewesen, an den Wochenenden hatten sie oft Fahrradausflüge gemacht. Urlaubsreisen waren nicht drin, aber man fuhr an die Elbe. Eine bürgerliche Kindheit und Jugend eben.

Dora hatte Realschulabschluss und dann eine Ausbildung zur Rechtsanwaltsgehilfin angefangen, fand das aber so langweilig, dass sie abbrach, was auch mit Jochen zu tun hatte, den sie damals kennenlernte. Jochen war 21, hatte ein eigenes, wenn auch uraltes Auto und war sogar schon in Spanien gewesen. Für Dora unglaublich weit weg. Sie brach also die Ausbildung ab, zog zum Entsetzen ihrer Eltern nach St. Pauli zu Jochen und fing an, in einer Table-Dance-Bar zu arbeiten, was die Eltern allerdings nicht wussten, weil Dora verhindern wollte, dass sie tot umfielen.

»Jochen hatte ziemlich schnell genug von mir«, erzählte Dora. »Ich war total verliebt, aber er wollte bald 'ne andere. Irgendwann hatte ich die Nase voll und bin bei Nacht und Nebel – er war gerade mal wieder nicht heimgekommen – aus seiner Wohnung ausgezogen. Der Inhaber von der Bar hatte auch mehrere Puffs, und in einem durfte ich vorübergehend wohnen, die Mädels hatten da teilweise auch Zimmer und haben da richtig gelebt. Tagsüber habe ich im Puff geholfen, saubergemacht und so, und abends bin ich in die Table-Dance-Bar. Ich habe natürlich gesagt, dass ich schon 18 bin. War ich dann auch irgendwann, dann war das kein Problem mehr. Ich hab oft mit den Mädels zusammengesessen, und sie haben erzählt. Man kann ein paar Jahre lang gut verdienen, sagten sie mir, aber man müsse rechtzeitig den Absprung schaffen. Klar gibt's immer Männer, die auf reifere Frauen stehen, aber im Großen und Ganzen sollte man sich schon ein zweites Standbein aufbauen. Das sollte ich auch machen.«

Überhaupt, sagte Dora, sei eine Ausbildung wirklich das Wichtigste.

»Die Mia, das war die Älteste im Puff, hat dann mit dem Hektor, also dem Besitzer, gesprochen, und wir einigten uns drauf, dass ich in einem seiner Läden – er hatte auch Supermärkte und andere »seriöse« Schuppen – eine Ausbildung zur Einzelhandelskauffrau machen sollte. Abends konnte ich dann ein paarmal pro Woche weiter Geld in den Bars verdienen. Ich lernte viele Männer und auch viele Scheißmänner kennen. Keine Ahnung, warum ich diesen Schlag Typen angezogen habe, aber ich hatte irgendwie nur Pech. Klar, dazu gehören immer zwei, aber ich hab irgendwann die totale Wut bekommen. Dann fing in »unserem« Puff eine Domina an. Sie hatte zwei Räume, war schon älter und wirkte sehr unnahbar. Sie erzählt nichts von sich. Nicht wie die anderen Mädels, die ununterbrochen schnatterten. Die Frau hieß Margot, das weiß ich noch, weil ich dachte: Wie kann denn eine Domina Margot heißen? Nicht, dass ich zu diesem Zeitpunkt viel über diesen Berufszweig gehört gehabt hätte, aber immerhin war eine

Domina, so viel wusste ich zumindest, eine Respektsperson – was die Kunden betraf zumindest. Margot nannte sich aber Lady Helena und hatte zwei Räume angemietet. Die Wände waren schwarz gestrichen, die Gerätschaften sahen unheimlich aus.«

»Wie sahen die denn aus?«

»Das zeige ich dir nachher, ich erkläre dir auch, warum. Jetzt isst du erst noch ein Stück Kuchen.«

Der Rest ist relativ schnell erzählt: Lady Helena fragte Dora, ob sie Lust hätte, für sie zu arbeiten, ihr zu assistieren. Die Bezahlung war in Ordnung, und Dora sagte zu, obwohl alle anderen Nutten dagegen waren. Wenigstens Dora sollte doch ein anständiges Leben führen! Aber Dora wollte es so. Und sie begann, für Margot zu arbeiten. Sie hat viel gelernt. Am interessantesten allerdings war die Tatsache, dass Margot mit den Männern, die zu ihr kamen, keinen Sex hatte. Sex war für sie tabu.

»Ich schließe nicht aus, dass es Frauen meines Schlags gibt, die für einen gewissen Aufpreis Sex haben«, erklärte sie mir. »Aber für Margot kam das nicht in Frage. Für mich übrigens auch nicht. Noch nie habe ich das getan. Noch Kaffee?«

Margot war irgendwann krank geworden, das war schon zu der Zeit gewesen, als Dora beschlossen hatte, ebenfalls Domina zu werden. Sie hat viel von Margot übernommen. Ein halbes Jahr später ist Margot gestorben, und Dora hat ihr gesamtes Equipment übernommen. Und hat in ihren jungen Jahren schon jede Menge Erfahrung gesammelt. Sie hat in Düsseldorf, München, Berlin, Frankfurt, Regensburg und in diversen anderen Städten Station gemacht, vor zwanzig Jahren dann ist sie zurück nach Hamburg gekommen, und hier ist sie geblieben.

»Ich habe fast nur Stammkunden.« Sie dachte kurz nach. »So dreißig, fünfunddreißig. Manche kommen einmal im Monat, manche einmal die Woche, einen hab ich, der kommt phasenweise jeden Tag.«

»Stimmt es, dass nur ganz reiche Männer zu dir kommen und sehr erfolgreiche? Anwälte oder so, die nach einem besonders erfolgreichen Tag das Gegenteil brauchen?«

»Natürlich gibt es die«, sagte Lady Saphira. »Aber natürlich nicht nur. Das ist ein Klischee. Es sind die unterschiedlichsten Aspekte, die Menschen zu einer Domina treiben. Dazu werde ich dir auch noch was erzählen. Auch dazu, dass es angeblich nur Männer sind. Völliger Unfug. Aber lass uns von vorn anfangen. Erst zeige ich dir mal das, was alle am meisten interessiert.«

Sie stand auf, ich ebenfalls, und ich folgte ihr in einen Flur.

»Meine Wohnung hat zwei Eingänge«, erklärte sie mir. »Einen Haupteingang, ganz normal durchs Treppenhaus, und einen Eingang im Hinterhof. Da hat man früher die Kohle und das Holz reingeschleppt und in den Keller oder in die Wohnungen getragen oder mit einem Seilzug nach oben oder unten geschafft. Und der Dienstboteneingang war hier. Hinten kommen die Kunden rein, ich hab das entsprechend von meiner Privatwohnung abgetrennt.«

Privat wohnte sie in drei Zimmern, weitere drei Zimmer waren ihre Arbeitsräume. In dem langen, recht dunklen Flur waren die Wände schwarz lackiert. Zwei große Spiegel mit barocken Rahmen hingen dort, und es gab einen ziemlich niedrigen Hocker.

»Hier wartet der Kunde, nachdem ich oder Ninette ihm geöffnet haben. Ninette ist meine Assistentin. So wie ich es damals bei Margot war. Sie hat aber sonntags frei.«

Ich schaute mich weiter um. Auf dem Boden ein dicker,

flauschiger roter Teppich, von der Decke hing ein schwarzer Kronleuchter, der gedimmtes Licht verbreitete.

»Manchmal führe ich mit den Kunden – gerade wenn sie neu sind – am Telefon Vorgespräche, dann ...«

»Moment, ich denke, du hast nur Stammkunden?«

»Schon, aber die müssen ja auch erst mal zu Stammkunden *werden*. Kein Stammkunde ist ja schon beim ersten Mal Stammkunde – damit meinte ich bloß, dass ich keine ›Durchlaufgäste‹ habe. Wer zu mir kommt, der kommt immer wieder.« Sie war stolz. »Also, ich führe manchmal Vorgespräche, um die Vorlieben kennenzulernen. Es ist ja nicht so, dass eine Domina das tut, wozu *sie* gerade Lust hat. Sie muss genau so auf die Wünsche ihrer Kundschaft eingehen wie die anderen unseres Schlags. Nur eben subtiler.«

»Was genau heißt das?«

»Wenn ein Kunde klingelt, und ich weiß vorher, dass er darauf steht, bestraft zu werden, wenn er später klingelt – also wenn ich sage: Um drei bist du hier, und er klingelt um vier Minuten nach drei –, öffne ich nicht die Tür und sage: Na, hatte die Bahn Verspätung?, sondern entweder ohrfeige ich ihn gleich, ohne ein Wort der Begrüßung, oder ich sage gar nichts und lasse ihn erst mal vor dem Hocker oder auf einem Holzbrett knien.« Offenbar gefällt Lady Saphira das Wort Klingel.

»Manchmal lass ich ihn eine halbe Stunde lang hocken, manchmal länger. Damit er sich darüber Gedanken macht, was nachher mit ihm wegen seines Ungehorsams passiert.«

»Und dann?«

»Das ist wie gesagt nur ein Beispiel. Jeder will was anderes. Nicht jeder steht auf subtile Dinge. Manche wollen auch einfach nur verbal gedemütigt und dann hart geschlagen werden.«

»Immer der Reihe nach«, bat ich.

Dora öffnete die rot lackierte erste Tür, und ich folgte ihr in den Raum, der nach einer Mischung aus Leder, Holz, Gummi und Desinfektionsmitteln roch. Hier waren die Wände ebenfalls schwarz, die Sprossenfenster zur Straße hin mit Folie beklebt. Auf dem Fußboden kein Teppich, sondern das ursprüngliche Parkett. Auch hier ein Kronleuchter, diesmal rot, auch hier gedämpftes Licht und an den Wänden eingelassene Fackelhalter aus Eisen, in denen große dunkelrote Kerzen steckten, die entsprechende Atmosphäre schufen.

In der Mitte des Raums stand auf einem drehbaren Podest ein Sessel mit hoher Lehne, Fußbank und goldener Umrandung. Er war dunkelgrün gepolstert und sehr groß. An der Wand dahinter befanden sich Halterungen, und hier hingen mindestens dreißig verschiedene Schlaginstrumente in allen Größen und in jeder Beschaffenheit. Dora besaß Springgerten (das sind kurze mit einer breiten Schlaufe am unteren Ende), es gab Dressurgerten, die sind sehr lang und sehr dünn. Manche der Gerten hatten vorn an der Schlaufe noch kleine Metallteile, damit es noch mal mehr weh tut. Es gab sogenannte Gummiflogger, das sind Peitschen mit zum Teil 14 Einzelschwänzen, und das Besondere an diesen Dingern ist die Tatsache, dass Gummi mehr Schmerzen bereitet als Leder.

»Die sind für Einsteiger nicht geeignet«, sagte Dora. »Da kann leicht die Haut aufplatzen.«

Dann gab es Single Tails (einschwänzige Peitschen) aus geflochtenem und nichtgeflochtenem Leder, und hier müsse man aufpassen, bekam ich von Dora erklärt, denn wenn die zu heftig benutzt werden, könne ebenfalls die Haut aufplatzen, und das könne, müsse aber nicht jedermanns Sache sein.

Es ging weiter mit der Bullenpeitsche (Bullwhip) – ein fester Griff, langer Riemen, an der Spitze ein Lederstreifen, daran noch ein kleines Schwänzchen aus gedrehtem Pferdehaar.

»Wie der Name schon sagt, diese Teile werden von Cowboys benutzt, und wenn man damit richtig zuschlägt, können die Tierhäute durchtrennen«, sagte Dora ernst. »Ich benutze sie ehrlich gesagt nicht gern und habe auch lange üben müssen, bis ich sie richtig bedienen konnte. Normalerweise sind die Dinger drei oder vier Meter lang, meine hier nur einsfünfzig. Es gibt noch ein paar Besonderheiten, wenn man die will. Man kann noch Bleikugeln ans Ende machen oder die softe Variante nehmen und einen Lederstreifen am Ende befestigen. Das ist bei der mexikanischen Bullenpeitsche übrigens der Fall. Damit die Tiere nicht verletzt werden.«

Sie erzählte weiter und weiter und von den einzelnen Schmerzarten, die diese ganzen Schlaginstrumente verursachen. Ich bat sie um eine nähere Erklärung, was die verschiedenen Instrumente betraf. Hier eine kleine Übersicht:

Was?	**Wie ist der Schmerz?**
Spanking: Schlagen mit der Hand	Knallt, brennt, flächig. Verläuft langsam
Singletail: Einschwänzige Peitsche	Sticht, knallt, punktuell, in die Tiefe gehend
Bullwhip: Bullenpeitsche	Je nach Art beißend, grell, lang anhaltend, böse
Flogger: Peitsche mit vielen ungeflochtenen Riemen, oft aus weichem Leder, Stoff oder z. B. Latex. Geeignet für Anfänger	Da die Tails breitflächig sind, zunächst warmes und breitflächiges Gefühl, bei Steigerung der Schlagkraft aber sehr schmerzhaft

Was?	Wie ist der Schmerz?
Katze: Peitsche mit höchstens 9 geflochtenen Riemen, daher der Name neunschwänzige Katze. Evtl. sind die Riemen noch zusätzlich mit Knoten versehen	Wurde übrigens auf Segelschiffen zum Strafvollzug gebraucht. Unfassbar schmerzhaft. Seitlich geschlagen dumpfer, flächiger Schmerz. Direkt am Hintern scharf und hell. Mit äußerster Vorsicht zu genießen
Snakewhip: Gleicht einer Bullwhip, hat aber einen flexiblen Griff, in dem im oberen Bereich Metallkugeln eingebaut sind.	Tut einfach nur grässlich weh! Nix für Anfänger
Tomcat: »Der Kater«, Kreuzung aus Snakewhip und Katze. 9 geflochtene Riemen	Siehe Snakewhip
Galley Whip: gleicht der Tomcat, aber an der Spitze der Enden befinden sich nichtgeflochtene Riemen	Dauergreller Schmerz
Gerte: Früher aus Rattan, Haselnussruten, heute vielfach aus Fiberglas mit einer Ummantelung aus Leder oder Nylon	Flach angewendet beißender Schmerz, breitet sich in Wellen aus. Wird nur mit der Spitze geschlagen, zischend und fein und durchdringend
Rohrstock: Aus Rattan, Peddigrohr, Birken- oder Weidenrute oder Bambusstab (Achtung, kann leicht splittern). Wird im Idealfall vor dem Gebrauch in Wasser gelegt, wird dadurch elastischer, und die Wirkung ist effektiver. Je dünner und länger, desto höher die Verletzungsgefahr	Scharf, beißend, erst punktuell, nach ein paar Minuten breitet er sich wellenartig aus

Was?	**Wie ist der Schmerz?**
Paddel oder Klatsche: Erinnert von der Form her an Ruderpaddel. Meistens aus Holz oder Leder, aber auch aus Kunststoff. Ist teils mit Löchern versehen, um den Luftwiderstand zu mildern und die Schlagkraft zu erhöhen. Man kann es zusätzlich noch mit Nieten, Stacheln oder Ähnlichem besetzen	Dumpf, breit, anfangs Kribbeln. Bei längerer und intensiver Verwendung kann die Oberfläche der Haut gefühllos werden
Tawse: Schottischer Herkunft, wurde an Schulen anstatt des englischen Rohrstocks benutzt. Besteht aus dickem, hartem Leder, das sich im vorderen Bereich in parallele Zungen teilt	Knallend, dumpf. Die Kanten aber hell und beißend, eine heftige Kombi also

Das waren also die Schlagwerkzeuge, die an Doras schwarzer Wand hingen.

»Viele meiner Kunden mögen es, wenn sie extra Verfehlungen begehen – wie beispielsweise Unpünktlichkeit – und ich ihnen dann hier in diesem Zimmer sage, was sie erwartet. Meine Assistentin holt sie irgendwann rein, und sie knien sich vor mich. Ich sitze dann auf diesem Sessel hier. Ich zähle ihre Verfehlungen auf und dann lasse ich sie die Gerätschaften selbst holen und bringen. Dann wird die Strafe festgelegt. Je nach Veranlagung fange ich mit 20 Gertenhieben an, dann steigere ich mich. Der Kunde muss mitzählen und sich für die Schläge bedanken. Und um mehr bitten. Das ist dann noch einmal extra demütigend und erniedrigend.«

»Woher weißt du, wie weit du mit den Schlägen gehen kannst?«

»Das ist natürlich langjährige Erfahrung. Selbsterfahrung übrigens auch. Ich treffe mich heute noch zum Erfahrungsaustausch mit Kolleginnen. Wir haben uns auch schon gegenseitig mit den unterschiedlichsten Gerätschaften geschlagen, um auszutesten, wann Schluss ist. Es ist nämlich oft so, dass ein Kunde so im Rausch ist, dass er nicht merkt, wann es gefährlich werden könnte. Beim Schlagen werden Endorphine freigesetzt, und man hat einen Realitätsverlust. Eine Domina, oder kurz gesagt, der oder die Dom, muss grundsätzlich für den oder die Sub – also den submissiven Part – mitdenken. Sich kümmern. Man hat die Verantwortung. Deswegen gibt es auch ein Codewort. Wenn der Sub nicht mehr kann, sagt er oder sie ›rot‹ oder ein Wort, das man während einer Session nie sagen würde. ›Kupferkessel‹ zum Beispiel oder ›Wollhandkrabbe‹.«

»Muss man da nicht lachen, wenn man so einen Unsinn sagt?«

»Nein, da muss man nicht lachen«, sagte Lady Saphira ernst und streng. »Ein Codewort heißt auch nicht automatisch, dass Schluss ist. Oft genügt eine Pause. Dann wird auch der Hintern gestreichelt, man ist lieb zum devoten Part, aber dann geht's weiter. Irgendwann bekommt man ein Gefühl dafür.«

»Wie geht es dir selbst denn, wenn du einen Kunden auspeitschst?«

»Es ist natürlich ein Gefühl von Macht, auch wenn es vom Kunden gewollt ist. Er kann ja jederzeit das Codewort benutzen. Er weiß aber auch ganz genau, dass ich trotzdem einfach weitermachen könnte. Das geilt ihn dann ebenfalls auf. Diese Ohnmacht des Kunden, die hat für mich was. Warum? Vielleicht weil ich früher an so viele Idioten geraten bin. Ich bin ganz ehrlich: Manchmal, wenn ich jemanden peitsche, denke ich an Jochen oder die anderen Typen, die mich verarscht haben. Dann geht's mir echt besser.«

Es kommen auch öfter mal Paare, erzählt Dora weiter. »Bei den meisten ist es so, dass einer zuschauen will, wie der andere gedemütigt oder gequält wird. Selten kommt es vor, dass beide dasselbe wollen. Aber natürlich gibt's das auch.«

»Gibt es eine typische Session?«

»Ach, das kann man so nicht sagen. Jeder ist ja anders. Aber letztendlich kommt es *immer* auf eine Art von Schmerz an: den psychischen oder den physischen. Oder beides.«

»SM finden viele pervers. Wie siehst du das?«

»Was ist schon pervers? Es ist eine sexuelle Neigung. Da gibt es in der Tat schlimmere. Hier geschieht – im Normalfall – nur etwas, das alle Beteiligten wollen. Das passiert bei anderen sexuellen Vorlieben eben nicht. Da laufen ganz andere Dinge ab. Natürlich kann man das alles psychologisch beleuchten: schwere Kindheit, erfolgreicher Manager, der das Gegenteil spüren will, erfolgreiche Frau, die sich endlich mal fallenlassen will und so weiter. Da greift vieles ineinander. Es gibt nun mal Menschen, die essen gern Reis, und es gibt Menschen, die mögen ihn nicht. Und genauso gibt es Menschen, die Schmerz erregt, und es gibt welche, da ist das nicht so. Ich denke da nicht weiter drüber nach. Ich schade niemandem. Wie weit man geht, ist natürlich jedermanns eigene Sache, aber bei mir ist ab einem bestimmten Punkt Schluss. Beim Cutting zum Beispiel. Also beim Schneiden. Das ist eine extreme Variante. Es gibt so viel.«

Das stimmt. Und das wollte ich mir erzählen lassen. Und zwar von denen, die es praktizieren. Deswegen habe ich ein entsprechendes Etablissement aufgesucht ...

12. Nicht unbedingt zwanglos: Besuch im SM-Club

Ich sag jetzt nicht, in welchem ich war, weil ich Angst habe, dass denen irgendwas, das ich schreibe, nicht gefallen könnte und die mich auspeitschen oder mich auf einer Streckbank größer machen wollen. Ich sage nur: Der Club ist auf dem Hamburger Kiez, und ich war undercover da.

Als ich reinkam, wirkte auf den ersten, aber wirklich nur auf den ersten Blick alles relativ normal: links der Barbereich, ein Tresen, Hocker. Drumherum einige weitere Sitzgelegenheiten. Aber dann sah ich, dass überall jemand festgebunden werden konnte. Und schaute man ein Stück weiter nach hinten, sah man einen großen Käfig, in den man logischerweise jemanden reinstecken konnte. Hier standen auch Strafböcke herum (auf die jemand bäuchlings geschnallt wird, so dass der Hintern gut bearbeitet werden kann) und ein Pranger. Und es gab einen Fernseher, ein SM-Porno lief. An diesem Samstag war sehr viel los, und immer kamen neue Leute. Es gab dort keinen ausgewiesenen Dresscode, nur zu den Motto-Partys sollte man sich entsprechend kleiden, hatte ich gelesen.

Dazu bot der Club viele der sogenannten »Spiel«-Möglichkeiten (wobei viele SMer ihre Neigung nicht als Spiel erleben, sondern sie eben »leben«), z. B. ein »Klinikum«, das, so sagt es die Homepage, »modern, umfangreich und mit Fachwissen eingerichtet ist. Unser Prachtstück ist der elektrische gynäkologische Stuhl. Hier finden Freunde des ›weißen‹ Bereichs alles, was ihr Herz begehrt.« Z. B. das:

- Nadelungen (mit hoffentlich sterilen Nadeln wird an und in der Haut gearbeitet)
- Folienverpackung (keine Ahnung, wie viel Frischhaltefolie man braucht, aber ich nehme an, viel)
- Analdehnung (hier muss ich jetzt einfach mal aus Wikipedia zitieren, weil die das so schön bürokratisch in Worte gefasst haben: »Analdehnung ist ein Sammelbegriff für Übungstechniken mit dem Ziel, die Schließmuskeln des menschlichen Anus zu dehnen.«
- Fisting (eine zur Faust geballte Hand wird vaginal oder anal eingeführt. Angeblich gibt es auch Fisting mit dem Kopf, aber ich habe leider niemanden gefunden, der zugegeben hat, das schon mal praktiziert zu haben. Möglicherweise sind die Leute aber auch schon alle tot, weil sie den Kopf nicht mehr rausgekriegt haben)
- Natursektspiel (halt statt aufs Klo zu gehn. Manche trinken das ja auch, um gesund zu bleiben oder zu werden. Ist beides nicht jedermanns Sache, gibt's aber) bis hin zu Zwangsentsamung (die Prostata wird massiert, damit Sperma ablaufen kann, ohne dass ein Orgasmus erreicht wird, was wiederum bewirkt, dass die sexuelle Erregung nicht nachlässt), kann man hier fast alles praktizieren.

Weiterhin bietet der Club Räume, in denen eine Streckbank steht, unter die auch noch ein Käfig gebaut wurde. Überall gibt es Haken, in die Wand und in Balken eingelassene Ringe, an einer Wand eine Kettenformation, die wie eine Spinne geformt ist und an die man natürlich auch jemanden ketten kann. Diese Räume sind bei Partys frei zugänglich, sagt die Homepage, man kann sie aber auch an anderen Tagen stundenweise mieten – das nötige Equipment übrigens auch.

Ich war an einem der Abende da, an denen es etwas ruhiger war, weil ich nämlich schon vorher an einem der Abende hier gewesen war, an denen es nicht so ruhig war, sondern eine Fete stattfand, und es war einfach unmöglich, mit Leuten Gespräche zu führen, weil natürlich alle mit etwas anderem beschäftigt waren.

Es war ein Mittwoch, und zwar kurz nach 18 Uhr, direkt nach der Öffnungszeit also. Ab 19 Uhr kostet der Eintritt im Übrigen 10 Euro, vorher nix. Mich hat interessiert, wie SMer ticken, was sie empfinden und ob sie das doch nur als Spiel empfinden oder es wirklich leben. Ich habe einen Rotwein bestellt und bin nach und nach mit einigen Gästen ins Gespräch gekommen:

Nina ist 32, Graphikerin und mit Martin (42) zusammen. Die beiden kennen sich seit sechs Jahren und führen seitdem eine SM-Beziehung, in der, wie Martin betont, nur »gespielt« wird. Sie haben gezielt nach dem perfekten Pendant auf einschlägigen Internetseiten gesucht. Und sich gefunden.

»Für uns bestimmt SM nicht den Alltag«, erzählt Martin. »Wir sind beide beruflich eingespannt, ich bin Zahnarzt mit eigener Praxis, und Nina kommt auch nie vor sieben aus der Agentur. Für uns ist es zwei- oder dreimal pro Woche einfach eine Form der Entspannung – den sexuellen Reiz darf man natürlich nicht vergessen.«

Nina nickt. »Ich bin in unserer Beziehung die Sub (submissiv) und Martin ist mein Dom (dominant). Wenn wir uns beispielsweise für einen bestimmten Abend verabreden, denken wir tagsüber schon daran, was alles passieren kann. Wir schreiben uns SMS; manchmal provoziere ich Martin dann schon ein bisschen, und er schreibt mir zurück, was er später alles tun wird.«

»Es ist sehr reizvoll«, gibt Martin zu. »Aber ich könnte SM

nicht in einer Stino-Partnerschaft (stino = stinknormal) ausüben. Das wäre nichts für mich. Sich über schmutzige Socken und Zahnpastaflecken streiten und darüber diskutieren, wer am Wochenende den großen Einkauf macht und dann die Peitsche rausholen – nee, das geht einfach nicht. Jedenfalls nicht für uns.«

Nina nickt. »Momentan sind wir beide Single. Keine Ahnung, wie es aussieht, wenn einer von uns wieder eine Beziehung hat.«

Was macht für die beiden den Reiz von SM aus?

»Das ist für mich ganz klar: Macht. Ich bin ein typischer Mann. Ich habe gern das Sagen. Ich bin nicht gegen Emanzipation, bin mir aber auch sicher, dass das Urgefühl bei einer Frau immer noch in den Genen liegt: sich dem Mann unterzuordnen. Das mag jetzt machohaft klingen, soll es aber gar nicht. Schau dir doch mal die ganzen Filme an, die Frauen lieben: ›Vom Winde verweht‹ zum Beispiel. Ja, ihr braucht gar nicht so zu gucken, den kenn ich auch.«

»Du meinst die Szene, in der Rhett Butler sich Scarlett O'Hara schnappt und die Treppe hochträgt?«, fragt Nina, und Martin nickt. »Das ist wirklich eine tolle Szene«, gibt Nina zu.

»Ich kenne keine Frau, die das nicht toll findet, wenn ein Mann einfach macht, was er will.«

»Aber das ist ja nicht unbedingt SM«, werfe ich ein. »Er hat sie ja nur die Treppe hochgetragen. Das ist schon ein Unterschied.«

»Es ist ja nur ein Beispiel«, sagt Martin. »Bei SM kommt natürlich hinzu, dass der Mann nicht nur einfach dominant ist wie Rhett Butler, sondern auch Schmerz zufügt. Denkt einfach mal an ›Shades of Grey‹. Die Frauen lieben dieses Buch.«

Das stimmt. Die drei Bände von »Shades of Grey« wurden

allein in Deutschland millionenfach verkauft. Die Reihe wird auch als »Mütterporno« bezeichnet, weil angeblich viele Mütter im Alter zwischen 30 und 60 diese Bücher lesen. Küchentischpsychologisch könnte man jetzt einfach mal behaupten, dass diese Frauen in ihrem Alltag nicht so besonders viel erleben, und das mag stimmen. Andererseits hat Martin vielleicht recht mit seiner Meinung darüber, dass in Frauen immer noch ein Gen schlummert, das da sagt: Behüte mich, versorge mich, nimm mich, ich will die Einzige für dich sein. Denn: SM (Sadomasochismus, das heißt, es gibt einen sadistischen und einen masochistischen Part) ist nicht blindes Drauflosschlagen, was irrtümlich in den Köpfen vieler Menschen die Runde macht.

»Es geht viel subtiler vor sich«, sagt Nina. »SMer sind nicht per se einfach blöde Draufhauer, natürlich gibt es SM in allen Schichten, aber wir persönlich kennen jede Menge, die bestbezahlte Jobs haben.«

»Das verwechseln viele«, fügt Martin hinzu. »Dass es auch einfach nur eine *Kopfsache* sein kann. Die Phantasie spielt eine enorme Rolle. Wenn ich es richtig anstelle, kommt Nina fast zum Orgasmus, ohne dass irgendwas Körperliches passiert.«

Sadomasochismus ist absolut freiwillig, beide Parts sind einverstanden. SM gibt es schon seit Ewigkeiten, möglicherweise sogar schon immer. 300 n. Chr. wurden in der »Kama Sutra« schon »einvernehmliche Schlagspiele« beschrieben. Gar nicht einvernehmlich, sondern als sexuelle Geisteskrankheit wurde SM im 19. Jahrhundert von einem deutschen Psychiater namens Richard von Krafft-Ebing beschrieben. Allerdings hat der sich die Leute nie genau angeschaut, sondern lediglich gemutmaßt – und das falsch. Sein Werk »Psychopathia sexualis« schaffte es dennoch bis in die 12. Auflage.

Wie spießig die Zeit damals war, sieht man u. a. daran, dass Krafft-Ebing Textpassagen, die bei der zu dieser Zeit offenbar sehr spießigen Leserschaft Riechsalz erfordert hätten, in lateinischer Sprache schrieb. Woraufhin ich mich jetzt frage, wie die Leute, die ein Buch gekauft haben, um etwas auf Deutsch zu lesen, mit dieser Frechheit klargekommen sind. Andererseits kann man sich die Lektüre auch gleich sparen.

Jedenfalls sind die Begriffe »Sadismus« und »Masochismus« auch noch von Sigmund Freud übernommen worden. Der hat nämlich 1905 in den »Drei Abhandlungen zur Sexualtheorie« gesagt, dass die fehlerhafte Entwicklung der kindlichen Psyche zu diesen »Krankheiten« geführt habe. Ich könnte natürlich jetzt noch weitere Ärzte, Psychologen und sonstige »Auskenner« zitieren, die das oder das und das auch noch sagen und alle möglichen Facetten beleuchten, aber das hier ist ja ein Unterhaltungsbuch.

Übrigens kann man bei SM die Leute nicht grundsätzlich in Sadisten oder Masochisten einteilen, denn im SM switchen viele, das heißt, die Rollen werden getauscht. Es gibt also oftmals keine reinen Sadisten oder Masochisten. Und wie gesagt, alles ist freiwillig, und ich glaube nicht, dass wahre Sadisten darauf stehen, dass jemand es gut findet, von ihnen gequält zu werden. Die haben auch in den allermeisten Fällen kein Codewort. Ich habe mal ein bisschen im Werk »Die große Enzyklopädie der Serienmörder« herumgelesen, und da steht wirklich viel, aber nicht einmal die Worte »Codewort« oder »Safewort«, das ich von Lady Saphira schon gehört habe.

Die Frage, die sich zwangsläufig trotzdem stellt: Warum mögen eine nicht geringe Zahl von Menschen SM?

Ich hab an diesem Abend noch einige Leute im Club gefragt und viele fast identische Antworten von devot/masochistisch und dominant/sadistisch bekommen, die ich jetzt hier kurz zusammenfasse. Bei vielen kam zuerst eine Gegenfrage: Warum z. B. mag eine nicht geringe Anzahl von Menschen Hähnchenbrustfilet?

- »Ich habe zwei Kinder, ich habe ein Haus, einen Garten, einen Hund, einen Job. Mein Tag beginnt mit Hetze, und er endet mit Hetze. Da will ich nicht noch sexuell alles managen, sondern brauche einen Mann, bei dem ich mich fallenlassen kann. Bei dem ich die Kontrolle abgeben kann.«

- »Für mich muss eine Partnerin einfach stark sein, sagen, was sie will. Im Beruf hab ich das Sagen. Privat beziehungsweise beim Sex soll sie es haben. Ich mag es einfach. Ich stehe nicht auf wildes Draufschlagen, finde es aber geil, wenn sie mich ans Bett fesselt und mir die Augen verbindet; ich nicht weiß, was passiert, und sie tun kann, was sie will. Das ist scharf.«

- »Emanzipation ist ja gut und schön, aber sie muss ja nicht in allen Bereichen vorherrschen. Sich einem Mann zu unterwerfen heißt ja auch ein Stück weit, Frau zu sein. Und SM heißt ja nicht gleich Peitsche, ich kann auch mit Worten dominiert werden.«

- »Wir leben eine 24/7-Beziehung, das heißt, dass SM für uns kein Spiel ist, sondern in unseren Alltag integriert wird. Mein Mann ist hier der devote Part. Da wir allein leben, lässt sich das gut praktizieren, hätten wir Kinder, wäre es mit Sicherheit schwieriger. Aber so ist es perfekt.«

- »Ich finde es ganz hervorragend, dass Frauen gleichberechtigt sind. Aber man darf nicht vergessen, dass sie auch Frauen sind. Ich betreibe SM als sexuelle Spielart nun schon seit über dreißig Jahren, und ich bin sehr dominant und auch sadistisch. Aber natürlich gehe ich nur so weit, wie wir beide es wollen. Ich lüge jetzt nicht, wenn ich sage, dass ich mit ungefähr hundert völlig unterschiedlichen Frauen SM betrieben habe. Sie waren devot und/oder maso, und alle, ich betone alle, fanden es geil, dass ich das Sagen hatte.«

- »Meine Güte, was ist denn das für ein Zirkus? Überall wird SM so hingestellt, als sei es krankhaft. Das ist es nicht. Wenn jemand nur abspritzen kann, wenn er Lackschuhe anhat, lächelt man drüber. Wenn jemand nur zum Orgasmus kommt, wenn eine Frau vor ihm mit einer Schürze rumläuft und so tut, als sei sie ein Zimmermädchen, lächelt man. Was ist SM? Genau, eine sexuelle Praktik, die man entweder mag oder nicht. Und nur weil Schmerz und Demut dabei ist, wird darüber oft gerichtet und die SMer als pervers eingestuft. Wahrscheinlich, weil die Leute denken, wir würden uns grundsätzlich in Verliesen und Gewölbekellern treffen, uns anketten und manchmal jemanden opfern. Wer auf eine solche Umgebung steht – warum sollte er sie nicht suchen? Manche vögeln gern in der Umkleide, andere im Himmelbett, andere in der Wanne, andere im Wald. Herrje. Wir haben das 21. Jahrhundert!«

- »Ich kann das Gerede von wegen »die sind pervers« auch nicht mehr hören. Was verdammt nochmal ist denn pervers? In der Medizin gibt's diesen Ausdruck schon lang nicht mehr. Wir sind paraphil. Noch nie gehört? Wir haben sogenannte ›Nebenlieben‹. Unsere Nebenliebe ist eben SM. Pervers, und damit meine ich jetzt nicht medizinisch pervers, sondern menschlich pervers, sind Typen, die ihre Frauen verprügeln, und das nicht, weil die Frauen das wollen. Pervers sind Leute, die andere Leute zu Tode foltern, pervers sind Kinderschänder, die vor allen Dingen, und das ist eine Liste, die kann ich endlos lange fortführen. Da sitzen wir aber morgen Abend noch hier. Wir, die Menschen, die SM betreiben, tun niemandem weh außer uns selbst. Und das wollen wir so. Fertig.«

13. SM für Millionen – das Phänomen »Shades of Grey«

Die Bücher von E. L. James zu thematisieren ist es wert, denn es muss was dran sein – warum sonst wurden die so oft verkauft, dass die Autorin sich die nächsten tausend Jahre bequem zurücklehnen kann? E. L. James spricht übrigens nicht gern über Sex und mag auch keine Fragen zu SM (was Interviews irgendwie schwierig macht, wie ich mir vorstellen kann). Ich habe daher nicht E. L. James, sondern einen Fachmann interviewt, und der hat mir auch Antworten gegeben.

Einer nämlich, der sich mit diesem Phänomen ziemlich intensiv auseinandergesetzt hat, ist Arne Hoffmann, geboren 1969. Er veröffentlichte nach einem Studium der Literatur- und Medienwissenschaft zahlreiche Sachbücher und Erzählbände zum Thema erotische Dominanz. Am bekanntesten und erfolgreichsten wurden sein »Lexikon des Sadomasochismus«, sein Interviewband »Lustvolle Unterwerfung« und sein Roman »Die Sklavenmädchen von Wiesbaden«. In seinem Buch »Fessle mich« beschäftigt er sich mit dem Phänomen der »Shades of Grey«-Bücher und gibt Einsteiger-Tipps für SM-Willige. Denn was in »Shades of Grey« als SM bezeichnet wird, ist nicht unbedingt SM. (An dieser Stelle möchte ich noch drauf hinweisen, dass es in »Shades of Grey« um die Beziehung einer Frau zu einem dominanten Mann geht, und ich will klarstellen, dass SM selbstverständlich, das hab ich schon erwähnt, auch andersrum praktiziert wird.) So, nun zu Arne Hoffmann:

»Haben Sie denn alle drei Bände gelesen?«

»Wenn ich zu solchen Werken ein Buch verfasse, das man im weitesten Sinne als Sekundärliteratur auffassen kann, fühle ich mich schon verpflichtet, sie alle zu lesen. Aber in diesem Fall habe ich die Lektüre nicht über die Mitte des zweiten Bandes durchhalten können, weil sich kitschige Passagen, in denen wenig passierte, allzu sehr wiederholten. Ich habe mir dann einen Überblick darüber verschafft, dass im Rest der Geschichte ohnehin kaum noch SM-Motive auftauchten, so dass ich meine Lektüre guten Gewissens beendet habe.«

»Und – mussten Sie oft den Kopf schütteln?«

»Ja. Sehr oft. Ich fand zwar den ersten Band für diese Gattung durchaus zielgruppengerecht geschrieben, aber schon die Häufigkeit, mit der sich die Heldin in potentiell gefährliche Situationen begibt und ihr Lover ihre Grenzen überschreitet, waren für jemanden, der sich mit SM im wahren Leben beschäftigt, mitunter schwer zu ertragen. Insofern kann ich auch die scharfe Kritik einiger Frauen an diesem Buch gut verstehen – ebenso allerdings die Erwiderung anderer Frauen, dass es doch nur eine Phantasie ist.«

»Warum hatten Sie das Bedürfnis, sich mit ›Shades of Grey‹ auseinanderzusetzen?«

»Die ›Shades-of-Grey‹-Reihe ist ein Megaseller und dadurch prägend dafür, was viele Leute über SM-Spiele zu wissen glauben – Leute, die danach vielleicht denken ›Das macht man so.‹ Hier wollte ich alle daran Interessierten gerne darüber aufklären, wie SM im wahren Leben aussieht.«

»Wie sieht die typische ›Shades-of-Grey‹-Leserin aus? Sind das dem Klischee nach überwiegend Frauen, die in Kleinstädten wohnen, praktische Kurzhaar-Frisuren haben und alle Andrea-Berg-Lieder mitsingen können?«

»Gar nicht mal. Oft handelt es sich auch um großstädtische, moderne Karrierefrauen, die sich gerne in eine romantisch-sinnliche Phantasie vom Beherrschtwerden fallenlassen. Ich würde ›Shades-of-Grey‹-Leserinnen bei aller Kritik an dieser Reihe nicht unterschätzen. Frauen, die gerne TV-Soaps gucken, sind ja auch nicht alle dümmliche Hausmütterchen, die die Konstruiertheit der Handlung in solchen Serien nicht durchschauen. Wenn die Bandbreite der ›Shades-of-Grey‹-Leserinnen nicht sehr groß wäre, wären diese Romane kein Megaseller geworden.«

»Sie zitieren in Ihrem Buch die britische Journalistin Rowan Pelling, die in Internetblogs und -foren gelesen hat, dass viele Frauen sich für ihre Phantasien, in denen sie von sanften Experimenten träumen, schämen. Heißt das, die wollen gar kein SM, sondern einfach mal Abwechslung und werden durch die Lektüre quasi aus ihrem Dornröschenschlaf geweckt?«

»Ja. So wie ich das wahrnehme, wünschen sich viele Frauen, vor allem in langjährigen Beziehungen, in erster Linie wieder aufregenden, leidenschaftlichen, phantasievollen und romantischen Sex. Außerdem scheint es immer noch eine starke weibliche Sehnsucht nach einem starken, führenden Mann zu geben: ein Rollenbild, das in den Medien sonst ja eher demontiert wird. Nur relativ wenige Frauen hingegen wollen sich in Ketten legen und auspeitschen lassen.«

»Was können deren Männer anders machen? Nein, anders gefragt: Was *sollten* sie anders machen?«

»Es wird in unseren Medien so viel dazu gefragt und gefordert, was Männer anders machen sollten, um Frauen glücklicher zu machen, und so wenig dazu, was Frauen anders machen sollten, um Männer glücklicher zu machen, dass ich solche Fragen nicht beantworte. Es gibt schon genug Leute, die Männer mal zum Macho, mal zum Softie und wieder zurück umbasteln wollen. Vielleicht sollte man in dieser Hinsicht einfach mal für ein paar Jahre die Klappe halten und die Männer erst mal für sich selbst herausfinden lassen, was ihnen guttut und was nicht. Was natürlich indirekt auch eine Antwort auf Ihre Frage ist.«

»Viele Feministinnen schütteln den Kopf – aber ist es nicht stärker und selbstbewusster, zu seinen Wünschen und sexuellen Phantasien zu stehen?«

»Es gibt in den USA ja einen sogenannten ›third-wave feminism‹, der Frauen die Möglichkeit bieten möchte, alles zu sein, was sie sein wollen: vom Riot-Grrrl (eine feministisch-subkulturelle Bewegung: riot = Aufruhr, girl = Mädchen, grrrl ist extra so geschrieben und soll sich wie ein Knurren anhören) bis zum Hausmütterchen. Der Radikalfeminismus, wie er hierzulande durch Alice Schwarzer repräsentiert wird, hat sich damit immer schwergetan. Da wird gegen Masochistinnen ebenso zu Felde gezogen wie gegen Hausfrauen à la Eva Herman, kopftuchtragende Muslimas, Frauen, die sich Schönheitsoperationen unterziehen, Sexarbeiterinnen, Männerrechtlerinnen und so weiter und so fort. Ich bin der Ansicht, dass eine starke, selbstbewusste Frau das Recht hat, ihren eigenen Weg, ihr eigenes Leben zu wählen. Dazu kann auch SM gehören.«

»Sie schreiben, es entstehe die Botschaft: ›Du darfst dich gegenüber Frauen jederzeit so aufführen wie Christian Grey, solange du nur wirklich erfolgreich und auch sonst ein ganzer Kerl bist.‹ Können Sie diesen Satz kurz erklären?«

»Stellen Sie sich einen Mann vor, der die ›Shades-of-Grey‹ gelesen hat und jetzt zu wissen glaubt, was Frauen wollen. Er ist aber kein Multimilliardär, sondern ein Lehrer oder Klempner. Als eine bis dahin flüchtige Bekannte dieses Mannes in einer Bar bewusstlos wird, verschleppt er sie wie Christian Grey in sein Hotelzimmer, wo er die immer noch Bewusstlose entkleidet, das Bett mit ihr teilt und einen anderen Mann ihre Maße nehmen lässt, damit sie exakt passende Unterwäsche erhält. Daraufhin bringt er ihr sexuelle Praktiken nahe, mit denen sie sich sichtlich nicht wohl fühlt. Sobald sie ihm widerspricht, verdeutlicht er ihr, dass sich das für eine unterwürfige Partnerin nicht gehöre, und droht ihr an, sie zu bestrafen. Ich sehe alles Mögliche in der Zukunft dieses Mannes, aber keine romantische, erfüllende Liebesgeschichte, die mit einer Hochzeit endet. Dieses übergriffige Verhalten wird von der Erzählerin der Geschichte akzeptiert, weil, wie die Autorin Cassandra Parkin es so schön formuliert, Christian Grey als ›ein Gott unter Insekten‹ und als fast perfektes Wesen dargestellt wird: jemand, der sich durch eigene Arbeit nicht nur im Alter von 26 Jahren zum offenbar reichsten Mann der Welt gemacht hat, sondern sich nebenher jede Technik angeeignet hat, die im Verlauf seiner Bekanntschaft mit Anastasia gerade gebraucht wird, vom Helikopterfliegen bis zum Hochseefischen. Und der natürlich über eine derart gewaltige Erektion verfügt, dass Anastasia massive Probleme hat, diesen Anblick seelisch zu verarbeiten. Für einen Mann, der nicht das hellste Licht ist, kann durch den Erfolg des Romans der Eindruck entstehen, übergriffiges Verhalten wäre für Frauen okay, solange sie nur echte Kerle sind.«

»Was, glauben Sie, macht ›Shades-of-Grey‹ mit den Männern?«

»Das Buch ist ja nun schon seit mehreren Jahren auf dem Markt, und ich kann nicht feststellen, dass dadurch viele Männer dominanter, übergriffiger oder konservativer geworden sind. Offenbar können auch die meisten Männer zwischen Phantasie und Wirklichkeit sehr gut unterscheiden.«

»Lachen ›echte‹ SMer über ›Shades-of-Grey‹?«

»Einige lachen darüber, andere regen sich darüber auf. Letztere empören sich darüber, dass Christian Grey immer wieder recht massiv in Anastasias Intimleben eingreift, obwohl sie ihm nicht die Erlaubnis dazu erteilt hat, und dass er ihr seine erotischen Wünsche sehr radikal aufdrängt. Diese SMer befürchten, Menschen, für die solche Spiele neu sind, könnten glauben, dass das auch in der Realität der Fall sein müsste und ein devoter SM-Spieler sich sämtlichen Forderungen seines Partners unterwerfen müsste. In der Regel sprechen aber beide Partner vorher auf gleichberechtigter Ebene ab, wie ein Spiel aussieht und wo seine Grenzen verlaufen, und die Unterwerfung findet dann nur im Spiel statt.«

»Können Sie bitte in eigenen Worten beschreiben, was SM eigentlich ist?«

»SM ist eine Neigung, bei der Menschen durch das Gefühl von Macht und Ohnmacht, oft verbunden mit Demütigung, Schmerz oder Fesselungen, Lust empfinden, weshalb sie das in erotischen Inszenierungen umsetzen.«

»Und wie viel Prozent hat ›Shades-of-Grey‹ nun mit ›richtigem‹ SM zu tun?«

»Ich will nicht zu streng sein. Fünfzig Prozent kommen schon hin. Aber bei den anderen fünfzig Prozent ist schon viel hanebüchenes Zeug dabei, bei dem Sexualwissenschaftler und SMer die Hände über dem Kopf zusammenschlagen würden. Wenn ich nur an das Klischee denke, dass Christian Grey als dominanter Partner selbstverständlich als Jugendlicher sexuell traumatisiert wurde und immer noch darunter leidet. Das geben die aktuellen Forschungen nicht her. Ihnen zufolge sind Menschen, die ihre SM-Neigung offen leben, tendenziell sogar etwas ausgeglichener und glücklicher als ›Normalos‹.«

»So, nun Butter bei die Fische. Man hat das Buch gelesen,

es hat einen angemacht, und man will es ausprobieren. Wie soll man anfangen, wenn man anfangen will?«

»Das kommt darauf an, was beide Partner am meisten anmacht. Über diese Praktiken und worauf man dabei achten muss, sollte man sich erst einmal näher informieren, dann schrittweise damit ein bisschen spielen und experimentieren, ohne dass man gleich am ersten Abend in die Vollen gehen und alles ausprobiert haben muss. Man sollte einander ein Feedback geben, wie es einem damit gegangen ist und womit man gerne weitermachen möchte.«

»›Richtiger SM‹ – was ist das eigentlich?«

»Es gibt keine Instanz, die festlegen könnte, was ›richtiger SM‹ ist. International hat sich die SM-Szene nur auf ›safe, sane and consensual‹ als unverzichtbare Aspekte geeinigt: Es sollten also keine bleibenden körperlichen und seelische Schäden entstehen, und beide Partner sollten bei allem freiwillig mitmachen. Und natürlich sollte das Ganze beiden Spaß machen.«

»Was daran ist der besondere Kick?«

»Derselbe, der für Nicht-SMer im Blümchensex liegt: Wenn er gut ist, ist er einfach berauschend und macht glücklich. Das kann man wissenschaftlich untermauern, wenn man z. B. weiß, dass bei beiden Formen von Sex Endorphine ausgeschüttet werden, man kann es aber auch einfach genießen.«

»Wie findet man den richtigen Partner, bzw. wie frag ich meinen Partner?«

»Es wird in der SM-Szene heiß diskutiert, ob für einen Single mit entsprechenden Neigungen die Erfolgsaussichten besser sind, von Anfang an einen entsprechend veranlagten Partner zu suchen – etwa über Internet-Plattformen wie die ›Sklavenzentrale‹ – oder einen in dieser Hinsicht noch unkundigen Partner zu finden und ihm SM schmackhaft zu machen.

In letzterem Fall könnte es sinnvoll sein, seinen Partner erst einmal danach zu fragen, was er von dieser Form von Sex generell hält. Wenn er sich grundsätzlich aufgeschlossen zeigt, kann man sich ja mit den ersten harmlosen Vorschlägen vorwagen. Etwas kühner ist es, mit ganz leichtem SM wie zum Beispiel sanftem Festhalten während des Sex diese Variante ins erotische Spiel einzubringen. Es kommt hier vor allem auf Einfühlungsvermögen und Fingerspitzengefühl an.«

»SM ist ja nicht nur Draufhauen, sondern auch Demütigung, und nicht wenige Menschen stehen darauf. Was glauben Sie, woran liegt das?«

»Psychologen glauben, dass Menschen hierbei Erlebnisse, die sie eigentlich als unangenehm empfinden würden, auf eine sexuelle Ebene verschieben und so zu Lusterlebnissen umdeuten. Das ist die beste Erklärung, die wir derzeit haben.«

»Wovon raten Sie grundsätzlich ab? Was ist gefährlich? Und können Sie mir bitte einige Praktiken nennen, die für Anfänger, Fortgeschrittene und Spezialisten geeignet sind?«

»Ich glaube, eine solche Unterteilung funktioniert nicht. Natürlich kann man ganz grob sagen, dass Elektrofolter wesentlich heikler ist, als jemandem die Augen zu verbinden und ihn oder sie zu füttern. Aber darüber hinaus ergibt eine solche Unterteilung nur begrenzt Sinn. Einerseits können Sie Fesselspiele in die Kategorie für Anfänger schieben, weil dabei in der Regel niemandem weh getan und niemand verletzt wird. Wer sich aber beim Fesseln nicht auskennt, kann auch dabei bleibenden Schaden anrichten. Und wie wollen Sie Spiele mit potentiellen körperlichen Schädigungen gegen Spiele mit möglichen seelischen Schäden aufwiegen? In jede neue Praktik sollte man sich umsichtig und schrittweise vortasten, möglichst viel Wissen dazu sammeln und auf das Feedback seines Partners achten.«

»Warum sollte man Ihr Buch lesen?«
»Um zu wissen, wie verantwortungsbewusste SM-Spiele im wahren Leben aussehen, und um dann zu entscheiden, was davon für einen selbst etwas sein könnte.«

14. »Und plötzlich steckte diese Möhre in meinem Schwanz«.
Skurriles und so

Der Mensch ist erfindungsreich. Man denke da nur mal an Thomas Alva Edison. Was hat der nicht alles erfunden! Unter anderem die Gegensprechanlage und die Kohlenfadenlampe, auch Glühlampe genannt, und der Dampfmaschinendynamo gehen auf sein Konto.

Heutzutage erfinden die Menschen auch noch viel. Zum Beispiel Ausreden. Da sind sie ganz weit vorn. Manche sind nicht so kreativ (»Ich hab die Bahn verpasst.«, »Der Schlüssel war weg.«), manche sind schon kreativer (»In der Bahn hat eine Frau ein Kind bekommen, und ich musste heißes Wasser holen, was halt seine Zeit gedauert hat.«, »Der Schlüssel war da, und das hat mich irritiert, weil er sonst immer weg ist, und ich musste mich erst mal setzen.«), aber ganz besonders erfindungsreich sind Leute dann, wenn es um Sex geht. Nicht viele, also das behaupte ich jetzt einfach mal, würden schlankerhand zugeben, dass der Aufsatz einer Bohrmaschine »einfach so« in ihrem Unterleib herumwandert.

Zur Einstimmung ein paar schöne Beispiele (auch wenn es natürlich alles so Spinne-in-der-Yucca-Palme-Geschichten sind):

- Ich hab seit Tagen einen Scheidenpilz, und das hat so gejuckt, dass ich mich mit der Gurke da drinnen kratzen wollte. Und dann hab ich sie nicht mehr herausbekommen.

Was hätte sie denn stattdessen der Einfachheit halber sagen können?

Was gucken Sie denn so? Noch nie was davon gehört, dass Frauen auf große Schwänze stehen? Ja, da werden Sie rot, Herr Doktor, und wissen Sie was? Zu Recht! Schauen Sie sich die Gurke ruhig mal an. Genauer ... noch genauer ... na, neidisch?

• Ich kam gerade aus der Dusche und bin dann noch ganz nass ins Wohnzimmer gelaufen. Ich glitt aus, und weil ich glücklicherweise so gelenkig bin, habe ich im Fallen einen Spagat gemacht und bin dann so auf der Flasche gelandet.
Was hätte sie denn stattdessen der Einfachheit halber sagen können?
Ich dachte im ersten Moment, ich springe auf meinen Mann, der ist nämlich auch eine Flasche. So ist es leider ein bisschen dumm gelaufen.

• Wissen Sie, wir frühstücken immer im Bett. Dabei fiel uns der Brötchenkorb runter, und wir haben angefangen zu suchen. Nun haben wir den starken Verdacht, dass sich dabei eventuell eines der Brötchen in meiner Vagina versteckt hat.
Was hätte sie denn stattdessen der Einfachheit halber sagen können?
In meiner Vagina befindet sich ein Brötchen. Bitte holen Sie es raus.

• Eine Frau mit Brandverletzungen im Intimbereich: Ich hatte mich gerade ausgezogen, dann ist der Strom ausgefallen. Ich musste ein paar Kerzen aufstellen. Irgendwie bin ich auf eine draufgefallen.

Was hätte sie denn stattdessen der Einfachheit halber sagen können?

Ich war nachmittags bei IKEA. Kerzen braucht man schließlich immer. Und die haben da jetzt eine Aktion für Single-Frauen mit Kerzen namens FICKFUTT. Die bei IKEA lassen sich wirklich immer was einfallen ...

● Ich habe bei mir zu Hause geputzt: Dabei hatte ich nichts an und bin dann so blöd ausgerutscht, dass ich genau mit dem Penis voran auf den Schreibtisch gefallen bin, und da lag wohl dieser Stift, und der muss mir dann irgendwie da vorne reingerutscht sein.

Was hätte er denn stattdessen der Einfachheit halber sagen können?

Sie denken bestimmt, ich hätte bei mir zu Hause geputzt und hatte dabei nichts an, oder? Und dass ich dann blöd ausgerutscht bin und mit dem Penis genau auf den Schreibtisch gefallen bin, und Sie denken mit Sicherheit, dass da dieser Stift gelegen hat und der irgendwie da vorne reingerutscht ist, oder? Es war aber ganz anders!

Jemand, der sich mit solchen und noch anderen Geschichten rund um den Sex und seine unglaublich vielen Facetten auskennt, ist Dr. Axel-Jürg Potempa, seines Zeichens Facharzt für Urologie mit dem Schwerpunkt Andrologie, übersetzt Männerheilkunde, er behandelt aber Männer *und* Frauen. Er praktiziert in München, und kürzlich kam er auf die Idee, seine Erlebnisse aufzuschreiben. Denn von denen gibt es einige, und die sind mehr als kurios. Und ja – die besten Geschichten schreiben in der Tat die Männer. Warum das so ist und wieso vieles andere beim Sex und mit den Erwartungshaltungen beim Sex so ist, wie es ist, hab ich versucht herauszufinden und habe mich mit Dr. Potempa über sein Buch »Was Sie besser nicht über Sex wissen sollten« unterhalten. Und das war sehr interessant.

»Sagen Sie mal, Dr. Potempa, warum machen gerade Männer so ein Gewese, wenn es um Sex geht?«

Er überlegt kurz. »Tun wir das? Okay, zugegeben: Wir Männer sind *extrem* verletzlich, wenn es um Sex geht. Wie leicht kann man versagen, und dann ist es für jeden – besonders für die Frau, die es gerade angeht bzw. die es gerade wissen will – ersichtlich. Und um da wieder rauszukommen, müssen wir durch die Hölle.«

»Wie, durch die Hölle?«

»Na ja, eigentlich sind wir Männer ja alle Indianer, die keinen Schmerz kennen und alle Probleme in null Komma nix selbst lösen können. Von wegen! Beim Sex werden wir Männer darauf gestoßen, dass auch alles anders sein kann. Wenn wir nur bei einer kleinen Selbstverständlichkeit – wie es eben typischerweise unser erigiertes Glied sein kann – versagen, sind wir mittendrin im Strudel der weiteren Ängste, die sich dann wie selbsterfüllende Prophezeiungen in der Realität fortsetzen.«

»Woher kommt diese ›Männerangst‹ vor dem Versagen?«

»Sind wir nicht schon von klein auf als omnipotente Wesen erzogen worden, die alles können und nicht versagen? Schon unsere Eltern sagten, wir sollten es einmal besser haben, meinten aber, wir sollten es einmal selbst besser machen, damit es uns auch besser geht. Die Projektionserwartungen der Machergeneration vor uns sind nach oben unermesslich und geben uns alle Freiheiten, um alle Rekorde zu schlagen – nur versagen, versagen dürfen wir nicht, das steht nicht im Programm des Mannseins.«

»Okay. Wie können die Menschen, oder jetzt erst mal die

Männer, die ständig Versagensangst haben, entspannter mit dem Thema Sex umgehen?«

»Uns Männern bleibt in diesem Falle nur eines: Ich erwarte nichts, ich verspreche nichts, ich beginne als Jungfrau. Sex entwickelt sich in der Partnerschaft. Blühen wir nicht erst gemeinsam auf, wenn wir sehen, dass unser Gegenüber, Untendrunter oder Obendrauf sich ohne Alternative fallenlässt und in punkto Erregung und Lust uns immer einen Schritt voraus zu sein scheint? In diesem Falle ist eher reagieren statt agieren die goldene Lösung. Hier entscheidet sich, ob ich das gefunden habe, was ich suchte.«

»Angenommen, ich habe den passenden Partner bzw. die passende Partnerin. Was können die Partner tun, um die Ängste zu nehmen?«

Die Antwort kommt schnell: »Gib dem Partner das Gefühl der Gemeinsamkeit und Wärme, der Treue und Zuverlässigkeit und der Offenheit für alle Phantasien und Toleranzen. Fordere nicht, sondern lass dich überraschen. Dein Gegenüber kann dir mehr geben, als du zu träumen wagst, lass dich also entführen und genieße in vollen Zügen.«

»Gut, Dr. Potempa. Themenwechsel. Kann man sagen, Ihnen ist nichts Menschliches mehr fremd?«

Er lacht. »Das zu behaupten wäre wohl verwegen, denn ich erfahre täglich neue menschliche Varianten, die ich zuvor nicht für möglich gehalten hätte. Dankbar bin ich vor allem dafür, dass mir das meiste Unmenschliche bisher fremd geblieben ist, und ich hoffe, es bleibt so. Wenn ich bedenke, welche Geständnisse beim Arzt gemacht werden könnten, die mancher sich nicht einmal bei der kirchlichen Beichte mit begrenzten Möglichkeiten der Sanktionen zu sagen traut, glaube ich an einen Schutzengel des Gewissens, der uns Ärzten beisteht. Denn gerade bei den Erzählungen mancher Patientinnen würde ich am liebsten mit einem ›So genau wollte ich es gar nicht wissen‹ herausplatzen.«

»Wir Frauen sind halt sehr mitteilungsbedürftig. Können Sie sich noch an Ihren allerersten Patienten mit einem denkwürdigen Problem erinnern?«

»O ja. Es war Samstagnachmittag. Ich hatte Wochenenddienst in der Gynäkologie, und da es ansonsten ruhig war, bastelte ich an den Charts eines wichtigen Vortrags, so dass mich das schrille Läuten des Telefons jäh aus meinem Tunnel holte. Eine junge Mädchenstimme fragte: ›Kann es ein Problem geben, wenn mein Freund die beiden Kabel seines Eisenbahn-Trafos in meine Blase und in meine Scheide steckt und dann den Strom aufdreht?‹ Keine Chance, meinen Mund wieder ausreichend zu befeuchten, nachdem mir nach dieser Frage die Spucke völlig weggeblieben ist. Ziemlich heiser antworte ich, dass ich überlegen müsse, welches Problem sie bei dieser Versuchsanordnung nicht bekäme. Sie lachte … und legte auf, ohne mir eine weitere Chance zu geben. Bis heute weiß ich nicht, ob mir ein übler Streich gespielt wurde – was bei jungen Kollegen gelegentlich der Fall ist – oder ob es ein reales Anliegen war. Als ich meinen damaligen Oberarzt anrief und die junge Anruferin zitierte, meinte er nur: ›Seeehr witzig‹ und meinte, ich hätte wohl zu wenig zu tun, und ließ mich mit meinen grausamen Vorstellungen alleine. Noch nie zuvor hatte ich die Zeitungen der folgenden Tage so aufmerksam gelesen, aber ich fand nichts, was mich der Lösung näher gebracht hätte. Vielleicht ging aber auch alles gut, und die beiden hatten den Spaß ihres Lebens … oder es gab einen Stromausfall.«

(Anm. d. Autorin: An dieser Stelle verweise ich gern noch mal auf meine Ausführungen zum Thema »Was Sie nicht als Hilfsmittel benutzen sollten.«)

»Was wir hoffen wollen. Können Sie mir einige ungewöhnliche Fälle auflisten und wie Sie damit umgegangen sind?«

»Da gab es einen Patienten, der sich beim Liebesspiel mit seiner Frau rektal einen Vibrator eingeführt hat, den er nach dem gesetzten Ziel nicht mehr herausbekam, und es somit zu keinem richtigen Happy End kam. Nachdem seine Frau telefonisch von mir erfahren hatte, dass die Entfernung dieses Fremdkörpers nicht in zehn Minuten ginge, riskierte er das Einchecken am Flughafen, da er nach New York musste. Dem Security-Personal fiel allerdings ein Brummen in der Warteschlange auf. Dies rührte von diesem Liebeshelfer, was mein späterer Patient erst beim anschließenden Verhör durch die Polizei zugab. Letztendlich landete er dann doch bei mir und wurde einer chirurgischen »Darmsanierung« zugeführt.

Eine ebenfalls endoskopische Behandlung brauchte eine Patientin, die in masturbatorischer Absicht eine über zwei Meter lange Wäscheleine durch ihre Harnröhre in die Blase einführte. In einem zeitlich aufwendigen Eingriff wurde dieses Stimulanz des U-Spots, einem sexuell anregenden Punkt am Harnröhrenausgang, wieder in kleinen Teilen nach außen befördert. Bei der anschließenden Kontrolle wurde glücklicherweise kein Schaden der Blase ausgemacht, dafür aber ein weiteres Sextoy in Form eines kleinen Parfümfläschchens, das gelegentlich als Probe mitgegeben wird. Meine Patientin beichtete später, dass sie zuerst dieses Fläschchen eingeführt hatte. Als sie es aber nicht mehr herausziehen konnte, kam sie auf die irrwitzige Idee, dieses mit der beschriebenen Wäscheleine durch ein Auffädeln zu holen. Das Ergebnis ist ja beschrieben.

Eingeprägt hat sich auch der Patient, der sich bei mir wegen Erektionsstörungen vorstellte. Seine bildhübsche, aber auch sehr dominante Ehefrau hatte er mitgebracht. Nachdem ich mich zuerst wunderte, wie er bei einer solchen Traumfrau Sexualstörungen haben konnte, merkte ich sehr schnell, dass sein Problem wohl auch darin bestand, dass er bei ihr nie zu Wort kam und regelmäßig fremdbestimmt wurde. Als Kompensation beichtete er mir dann unter vier Augen, dass er seine Frau regelmäßig mit sehr hässlichen Frauen betrüge. Nur diese Frauen würden alle seine sexuellen Wünsche widerstandslos entgegennehmen und ausführen. In diesem Falle war dringend eine Partnerbehandlung durch einen psychiatrischen Kollegen nötig.

Ein weiterer interessanter und für Männer und Frauen gar nicht so untypischer Fall war ein Patient, der keine Lust mehr auf seine Frau hatte und bei dem alle meine Therapieversuche nicht wirklich fruchteten. Dieses sollte sich bei ihrem nächsten gemeinsamen Urlaub, den ich ihnen dringend empfahl, ändern. Dort auf Jamaika erwischte er seine Frau beim Fremdgehen mit einem Einheimischen. Dieser Anblick erregte ihn dermaßen, dass er fortan eine neue Lust auf seine Frau entdeckte, anstatt diese für immer zu verdammen. Somit hatte dieses Paar ihre Therapie selbst gefunden. Genügt das?«

»Ja, danke. Aus gegebenem Anlass frage ich jetzt: Haben Sie schon mal gedacht, nein, das glaube ich jetzt einfach nicht?«

»Natürlich kommt dies immer mal wieder vor. Zum Beispiel kam ein Patient mit deutlichen Verletzungen an Penis und Hoden in meine Sprechstunde. Dies war die Folge von einem Besuch in einem italienischen Club mit einer Cäsarenwand, einer perforierten Wand, durch die man sein Genitale schiebt und nicht weiß, wer oder was sich auf der anderen Seite damit beschäftigt. Die Phantasien und die erlebten Techniken ließen meinen Patienten aber ungeahnte Höhepunkte erreichen, so dass er seine Verletzungen erst beim Anziehen entdeckte, was ihn schließlich zu mir führte. Nach erfolgreicher Therapie hatte er aber bereits wieder seinen nächsten Trip nach Italien und in dieses Etablissement geplant.«

»Bei welchem Patienten waren Sie schon mal ratlos, und was hatte der getan?«

»Hier darf ich auf meine obigen Ausführungen über den Cäsarenwand-Fan verweisen. Ihn zieht es trotz deutlich erlebter Verletzungen wieder dorthin. Auch meine Aufklärung, dass diese Verletzungen zur Blutvergiftung bis hin zur Impotenz oder Amputation der Genitalorgane führen können, hält ihn nicht von erneuten Besuchen ab. Lust frisst immer mal wieder Verstand.«

»Welche Praktiken sind noch gefährlich?«

»Einfach alle, die über körperliche Verletzungen zur Blutvergiftung führen können. Schwerere Fälle dieser sogenannten Sepsis überlebt nur jeder zweite Patient. Darüber hinaus bergen Fesselungs- und Strangulationstechniken ein hohes Gefahrenpotential. Wer es nicht lassen kann, sollte sich daher auf seine Partnerin oder seinen Partner verlassen können, der die vorher vereinbarten Notfallsignale erkennt und respektiert.«

»In Ihrem Buch sind die Männer, die sich teilweise wie Trottel benehmen, in der Überzahl. Wissen Sie, ob sich Mann/Frau in dieser Beziehung die Waage halten?«

»Natürlich ist es so, dass Männer auch in der Sexualität höhere Risiken eingehen, die oft einen negativen Ausgang haben. Die niedrigere Lebenserwartung von Männern gegenüber Frauen liegt ja nicht an der Biologie des Menschen, sondern an der Bereitschaft des Mannes, im Beruf und in der Freizeit Gefahren nicht oder sehr oft nicht rechtzeitig genug auszuweichen. Das sogenannte starke Geschlecht überschätzt allerdings immer wieder seine Möglichkeiten und setzt falsche Grenzwerte. Frauen handeln meistens sehr viel überlegter und haben somit einen Überlebensvorteil. In der Sexualität hält es sich, meiner Erfahrung nach, allerdings wirklich die Waage, da hier die Lust und Leidenschaft die führende Rolle spielt, die Männer und Frauen gleichermaßen an ihre Grenzen gehen lässt.«

»Wenn man so liest, was es alles gibt, was schon alles angestellt wurde, könnte man denken, die Leute, die das tun, sind nicht die hellsten Kerzen auf der Torte? Mit welchen sozialen Schichten haben Sie zu tun?«

»Meine Patienten kommen aus allen Schichten. Was bei dem einen die Flucht vor dem Alltagsfrust ist, ist bei dem anderen die Flucht vor der Langeweile. Sexualität hilft über viele Niederlagen des Lebens hinweg und gibt auch wieder Kraft für einen neuen Anfang oder eine Neuorientierung. Da spielt die gesellschaftliche Stellung nur eine untergeordnete Rolle.«

»Kann man eventuell sogar sagen, dass intelligente Leute erfindungsreicher sind?«

»Erfindungsreicher bestimmt. Die Frage ist nur, ob sie es auch umsetzen. Die Emotionen von intelligenteren Menschen werden leider allzu oft von der Ratio überdeckt. Da haben es weniger intelligente Exemplare unserer Spezies einfacher. Sie handeln sehr häufig nach ihrem Bauchgefühl, was die ungeplante Umsetzung spontan ermöglicht. Dies trifft besonders auf die sexuellen Wünsche zu. Intelligenz erweitert diesbezüglich also den Horizont, erschwert aber den Weg dorthin.«

»In Ihrem Buch geht es immer wieder um Hygiene – können Sie uns ein paar grundsätzliche Tipps geben, die wir beachten müssen, damit es nicht zu unangenehmen Nebenerscheinungen/Infektionen etc. kommt?«

»Ich gebe zu, dass die Sexualität ja sehr oft etwas Spontanes ist, was keine vorangehenden Waschrituale zulässt. Aber die Hygiene fängt ja bei uns selbst an. Verhalten wir uns also so, wie wir wollen, dass sich unsere Partnerin oder unser Partner in der Einhaltung der Hygieneregeln verhält. Zu den wichtigsten Utensilien gehören also z. B. Kondome, die gerade bei One-Night-Stands oder bei Analpraktiken unabdinglich sind, wenn man keine Risiken eingehen möchte. Schwieriger wird es dann schon bei den meisten oralen Praktiken bis hin zum Anilingus.

Ein weiterer Ansatz ist die antibakterielle Reinigung von benutzten Sextoys. Normalerweise ist hierfür jede Seife bis hin zum Alkoholspray geeignet, da die meisten Spielzeuge aus Silikon oder Kunststoff sind. Vorsicht ist hierbei nur bei Holztoys, wie z. B. Vibratoren geboten, deren Oberflächenbeschichtung durch Alkohol beschädigt werden kann und die spezielle Reinigungsmittel nach Angaben der Hersteller benötigen. Dafür leiten sie die Vibrationen deutlich besser weiter als ihre Silikongeschwister. Zurück zur Hygiene appelliere ich ans logische Denken und die daraus folgenden Regeln. Als Beispiel gilt auch der Vorsatz: ungeschützten Analverkehr niemals vor Vaginalverkehr, ansonsten ist durch den Bakterientransfer eine Entzündung im Vaginal- oder Harntrakt schon vorprogrammiert.«

»Was verursacht die meisten Infektionen?«

»Die meisten Infektionen treten im Urogenitalbereich der Frau entweder durch den bakteriell kontaminierten Penis des Partners, der meistens keinerlei diesbezügliche Beschwerden hat, oder durch ungewollte Bakterien im Vaginalbereich auf, die beim Verkehr in die Harnröhre der Frau hineingerieben werden.«

»Und nun zu den Geschichten, die jeder schon mal gehört,

aber niemand selbst erlebt hat, die sogenannten Spinne-in-der-Yucca-Palme-Geschichten: Stimmt es, dass ...

- ... es Frauen gibt, die sich Glasflaschen in die Vagina einführen, und dass diese Flaschen dort explodieren können?«

»Ja, diese Frauen gibt es immer mal wieder, und intravaginal können Flaschen zwar nicht explodieren, aber dafür implodieren.«

- »... es möglich ist, eine komplette zusammengerollte Ausgabe der ›Financial Times‹ in den Hintern einzuführen?«

»Na klar, aber es dauert eine gewisse Zeit, und Gleitgel ist bei diesem Versuch sicher auch vorteilhaft. War das der Grund, warum die FTD vom Markt genommen wurde?«

- »... der Penis eines Mannes bei einem Scheidenkrampf nicht mehr rauskommt?«

»Diesen Scheidenkrampf, Vaginismus genannt, gibt es tatsächlich. Aber er kann nicht verhindern, dass der Penis jederzeit herausgezogen werden kann, sondern vielmehr verhindert er ein vaginales Eindringen. Es gibt eine primäre Version, d. h. ein Eindringen war noch nie möglich, und eine sekundäre Form, die meistens durch ein traumatisierendes Ereignis ausgelöst wird. Therapeutisch sind Übungen mit Biofeedback-gesteuertem Beckenbodentraining oder Gesprächstherapien erfolgreich.«

- »... das Herumexperimentieren mit einem Staubsaugerrohr für den Penis durchaus gefährlich sein kann?«

»Durch solche Unfälle ist schließlich der Kobold der Firma Vorwerk bekannt geworden. Eigentlich sollte man meinen, dass dieser anschließend ›aus dem Verkehr‹ gezogen wurde.

Aber dem war nicht so, sondern nach dieser unbeabsichtigten Werbung wurden, meinen Informationen nach, lediglich zusätzliche Sicherungen eingebaut. Wer jetzt also versuchen sollte, den Saugeffekt dieses Staubsaugers mit seinem Penis zu erkunden, wird sehr früh an die technischen Grenzen stoßen. Früher war das Ende der sexuellen Experimentierfreude durch die Gebläsetechnik gesetzt, die dem erigierten Penis massive Abscherverletzungen beibrachte, was nicht selten auch zum Verlust des geliebten Gliedes führte.«

● »... man durch einen Einlauf mit Rotwein oder anderen alkoholischen Getränken a) betrunken wird, ohne den Alkohol des Weins o. ä. zu sich zu nehmen, und b) sofort eine sexuelle Hemmungslosigkeit auftritt. Und ist so ein Einlauf gefährlich? Und: Warum tun Menschen das?«

»Unter dem Übergriff Klysmaphilie versteht man die Lust, sich Flüssigkeiten rektal einzuführen. Dabei wird auch vor alkoholischen Getränken nicht zurückgeschreckt. Es ist tatsächlich so, dass der Alkohol auf diese Weise schneller ins Blut gerät als über den üblichen oralen Weg. Das liegt einerseits an der sehr guten Resorption über die Darmschleimhaut und an der Vermeidung der frühen Leberpassage, d.h. die Leber baut den Alkohol erst später ab. Somit ist der Anwender natürlich schneller betrunken und auch sexuell enthemmter, allerdings ist er auch schneller einer Alkoholvergiftung ausgesetzt, was oft übersehen wird. Und dann muss man noch die Art und Weise bedenken, wie der Alkohol in den Darm gebracht wird. Nicht selten werden Schläuche oder Rohre verwandt, was sehr schnell zur Darmperforation, also zur Durchstechung der Darmwand, führen kann. Dies ist eine sofortige OP-Indikation mit deutlich erhöhtem tödlichen Ausgang. Bringen wir es auf den Punkt: Es ist lebensgefährlich. Und warum tut man so etwas? Wir sind neugierig und immer wieder wild auf neue Kicks und Risiken. Das unterscheidet uns vom Tier, das nur selten unnötige Gefahren sucht.«

- »Ich habe schon vor einigen Männern gehört, dass sie *nicht* zum Urologen gehen, weil sie Angst haben, dass sie durch die Untersuchung eine Erektion bekommen. Ist das wahr?«

»Das habe ich auch schon von Patienten gehört, deren Penis untersucht werden sollte. Aber hinterher haben sie mir alle bestätigt, dass weder die Untersuchungen des Penis, des Hodens oder der Prostata unpassende Gefühle hat aufkommen lassen, die zu einer Erektion führten. Nicht einmal homosexuelle Patienten, deren Prostata getastet wird oder die einen transrektalen Ultraschall gemacht bekommen, sind dabei eine Ausnahme, obwohl dies oft vermutet wird. Beim Urologen kommt es nur bei den Patienten zu Erektionen, bei denen es zu diagnostischen Zwecken mittels gefäßerweiternder Medikamenten bzw. Injektionen benötigt wird. Die sexuelle Lust ist laut Patientenaussagen in diesen Situationen auch ganz und gar nicht vorhanden. Ganz anders ist es bei Patientinnen, die im Rahmen von Behandlung ihrer Sexualstörungen von mir die Regionen des G-Punktes oder des A-Punktes manuell erklärt bekommen. Hier ist die Beschreibung einer Luststeigerung durch die Patientin das Ziel. Allerdings sind natürlich eine Arzthelferin und möglichst auch der Partner anwesend, um Missverständnisse zu vermeiden. Aber leider habe ich während meiner langen gynäkologischen und urologischen Tätigkeiten auch schon so mancher Arztromanphantasie ausweichen müssen.«

- »›Wenn ich Viagra nehme, bleibt mein Schwanz ständig steif, und ich kann mehrfach hintereinander kommen?‹ Wahr oder unwahr? Wie funktioniert Viagra wirklich?«

»Nach Einnahme von Viagra & Co. kommt es nur zur Erektion, wenn man Lust hat und wenn man es wirklich will. Wir Männer haben allerdings auch bei Tag und Nacht unwillkürliche Erektionen durch unbewusste sexuelle Gedanken, die durch die sogenannten PDE-5-Hemmer verstärkt auftreten können, die für sich alleine kein Aphrodisiakum sind. Lediglich bei Überdosierungen kann es als Nebenwirkung zur schmerzhaften Dauererektion, dem Priapismus, kommen. Hält sie länger als drei Stunden an, sollte man bei einem Urologen um Hilfe bitten, da es nach vier Stunden Priapismus zur lebenslangen Impotenz kommen kann. Viagra bewirkt genauso wie seine Mitbewerber vor allem eine reversible Gefäßerweiterung im männlichen penilen Schwellkörper. Bei einer klinischen Studie gegen Bluthochdruck mit Viagra wunderte man sich, dass die Teilnehmer ihre überschüssige Medikation nicht mehr zurückgaben. Somit wurde diese revolutionäre ›Nebenwirkung‹ bekannt und leitete ein neues sexuelles Zeitalter ein. Eine erhöhte Orgasmus- und Ejakulationsfrequenz ist durch die verlängerte und oft auch verstärkte Erektion möglich. Dabei muss es aber unbedingt auch zu einer erneuten sexuellen Stimulation kommen. Natürlich wird diese manchmal mögliche Performance-Verbesserung auch von gesunden Männern genutzt. Das Internet macht dies durch die Umgehung der Verschreibungspflicht möglich.«

- »Stimmt es, dass Viagra auch bei Frauen angewendet werden kann, und wenn ja, warum?«

»Es gab schon in den 1990er Jahren Untersuchungen mit Frauen. Sie ergaben, dass Lubrikationsstörungen und schmerzhafter Geschlechtsverkehr durch die Einnahme von Viagra verbessert werden können. Es gibt aber keinen positiven Effekt auf die Libido, die Erregungsfähigkeit oder den Orgasmus. Da wir bei den Therapiemöglichkeiten von weiblichen Sexualstörungen, gegenüber den Möglichkeiten bei Männern, 15 Jahre zurück sind, bieten wir das unseren Patientinnen gelegentlich ›off label use‹ an. Das heißt, sie werden darüber aufgeklärt, dass es für diese Indikation keine ausreichenden Untersuchungen oder offiziellen Zulassungen gibt. Die Einnahme erfolgt also auf eigene Gefahr. Wir wissen durch anatomische Untersuchungen, dass die Klitoris, der weibliche Schwellkörper, mit seinem inneren Anteil bis zu 17 cm lang werden kann. Viagra unterstützt auch hier die verbesserte Durchblutung.«

● »Haben Männer Ihnen schon mal ihre Ängste oder mangelndes Selbstbewusstsein aufgrund eines zu kleinen Penis geklagt? Und wenn ja, wie reagieren Sie da? Und was ist, wenn er wirklich winzig ist?«

»Männer beklagen sehr häufig ihr angeblich zu kleines Glied. Daran sind nur sehr selten ihre Partnerinnen schuld. Vielmehr ist der Konsum von Pornographie sowohl bei Männern als auch bei Frauen so selbstverständlich geworden, dass die Maßstäbe immer mehr durch falsche Vorbilder gesetzt werden. So träumen die Männer von 30-cm-Erektionen und die Frauen von mehr als acht Orgasmen pro Nacht (siehe mein Buch). Da die Natur dies nur in Ausnahmen verwirklicht, kommen so mancher Mann oder so manche Frau in meine Praxis, um sich diesen Vorstellungen zu nähern. Erst eine sehr ausführliche Aufklärung bewahrt diese Verzweifelten vor weiteren depressiven Verstimmungen oder Kontaktängsten. Natürlich gibt es auch Männer mit einem kleinen

Penis. Bei dicken Männern hilft Gewicht abzunehmen, um den Penis wieder aus der Fettschicht auftauchen zu lassen. Bei den anderen Patienten mit dem Mikropenis-Syndrom helfen gelegentlich Operationen, bei denen die Haltebänder an der Peniswurzel durchtrennt werden, oder auch atraumatische Streckapparate. Allerdings sind dabei zwei Zentimeter als Erfolg nicht zu übertreffen, und es kann immer zu unerfreulichen Nebenwirkungen kommen. Meine Empfehlungen gehen daher meistens in die Richtung der geübten mannigfaltigen Alternativen, um seiner Partnerin zum verdienten Höhepunkt zu verhelfen.«

- »Und zum Schluss: Halten Sie sich selbst für normal? ☺«
»Nein, wirklich nicht. Normalität klingt für mich auch nach Mittelmaß. Und wen kann das schon wirklich befriedigen? Ich liebe zwar ein einigermaßen reguliertes Leben, aber dazu gehören auch Experimente, Wagnisse, aufregende Richtungswechsel und verwirklichte Phantasien. Dennoch, wie definiert man eigentlich normal? Vielleicht bin ich ja gerade das, was als normal angesehen wird? Die Zeiten ändern sich rasant, und der Rock'n'Roll ist auch nicht mehr das, was er mal war ...«

Natürlich denken wir auch einen Schritt weiter: Solche Geschichten erzählt man gern unter Freunden, deswegen – dadaaa: Hier noch ein paar Kneipengeschichten, die ich gefunden habe. Der Wahrheitsgehalt ist umstritten, aber behaupten Sie halt einfach, Sie würden jemanden kennen, der jemanden kennt, dessen Cousin mal jemanden kannte, der das von einem Bekannten in einer U-Bahn gehört hatte, der wiederum hatte es von der Freundin einer Großtante und die von ihrem Schwippschwager!):

- Statt in eine Fachklinik ging ein 35 Jahre alter Serbe im September 2006 in Belgrad lieber zu einem Quacksalber. Sein Leiden: vorzeitiger Samenerguss. In der Klinik hätte man ihm helfen können, der selbsternannte Wunderheiler riet dem Mann zum Geschlechtsverkehr mit einem Igel. Was dieser auch versuchte. Dabei verletzte er sich jedoch so schwer, dass er nun doch ein Krankenhaus aufsuchen musste. Dort konnte man ihm dann bei beiden Problemen helfen. Der Igel blieb körperlich unversehrt.

- Auf einer proktologischen Station in Brandenburg erschien kurz nach der Wende ein Mann, der berichtete, er sei nackt gestürzt und dabei unglücklich auf einen Stuhl gefallen. Bei der folgenden Untersuchung fand der Arzt im Hintern des Manns ein etwa 20 Zentimeter langes Stück eines Stuhlbeins, dessen Ende frisch abgesägt worden war. Der Patient erläuterte, er habe dies selbst erledigt, da er ja nicht mit dem ganzen Stuhl ins Krankenhaus habe fahren können. Während der Behandlung wirkte der Patient entspannt, schien fast keine Schmerzen zu empfinden, auch sein Anus konnte ungewöhnlich weit gedehnt werden. Offensichtlich handelte es sich bei ihm um eine regelmäßig durchgeführte Praxis sexueller Stimulation, die nur diesmal im Krankenhaus endete.

- Ein 45 Jahre alter Schweizer betrat im Jahr 2004 leicht panisch die Notfallstation einer urologischen Klinik in St. Gallen. Er habe sich, berichtete der verheiratete Mann, mit einem 17 Zentimeter langen Thermometer die Harnröhre sexuell stimuliert, als das Messgerät plötzlich zerbrochen sei. Den Teil, der noch herausschaute, hatte sich der Mann selbst entfernt. Bei der Untersuchung konnten die Ärzte den im Penis verbleibenden Teil erfühlen, beschlossen aber vorsorglich, das

Geschlechtsteil des Mannes zu röntgen. Eine gute Idee. Denn die Ärzte staunten beim Betrachten der Becken-Übersichtsaufnahme nicht schlecht, als sie in der Harnröhre des Patienten noch weitere Bruchstücke ausmachten. Bei der folgenden Operation fanden die Chirurgen schließlich eine ganze Reihe von Elementen, die eindeutig nicht zueinandergehörten. Es war offensichtlich nicht das erste Mal, dass der Mann diesen Weg der Stimulation gewählt hatte. Glücklicherweise hatte er kein Quecksilberthermometer verwendet, so dass der herbeigerufene Toxikologe dem Mann grünes Licht für seine Entlassung geben konnte. Bei einer Nachuntersuchung einige Monate später konnte dem Mann Kontinenz und Erektionsfähigkeit attestiert werden.

- Mit starken Schmerzen, so ist es in der Zeitschrift »Archiv für Kriminologie« zu lesen, sowie einem blutigen und aufgerissenen Hoden tauchte ein Mann in einer urologischen Station auf. Der Patient gestand, in seiner Mittagspause seinen Penis gegen einen Keilriemen der Maschine an seinem Arbeitsplatz gedrückt zu haben. Da er sich zu weit nach vorn lehnte, verletzte er sich dabei seinen Hodensack auf sehr schmerzhafte Weise. Anschließend wollte er seine Wunde selbst versorgen – allerdings mit einem Tacker. Verbessert hat diese Brachialmethode verständlicherweise nichts. Im Krankenhaus konnten die Verletzungen des Mannes aber erfolgreich behandelt werden.

- In der amerikanischen Fachzeitschrift »Diseases of the Colon & Rectum« wurde der Fall eines 49 Jahre alten Fans des Baseballteams *Oakland Athletics* beschrieben. Er hatte sich aus Freude über den Titelgewinn der Mannschaft einen Baseball in sein Rektum geschoben. Im *Letterman Army Medical*

Center in San Francisco versuchte man unterschiedliche Techniken, um den Fremdkörper wieder zu entfernen. Zunächst nahm man eine Geburtszange zur Hand, dann einen Haken, den man um den Ball zu legen versuchte. Als beides nicht funktionierte, war eine Operation schließlich die einzige Möglichkeit. Dabei schraubten die Ärzte einen sehr langen Korkenzieher in den Ball und zogen ihn so heraus.

- Eine ganz spezielle Form der Masturbation bedeutet die Mitwirkung von Insekten. Ein Mann führte sich regelmäßig Mehlwürmer in den Penis ein, die dann mit der Ejakulation wieder herausgeschleudert wurden. Das Krabbeln innerhalb der Harnröhre schien bei ihm ein starkes Lustgefühl auszulösen. Einmal jedoch wanderte ein Mehlwurm in die Blase und kam nicht mehr heraus. Er musste schließlich operativ entfernt werden.

So. Jetzt reicht's!

15. »Darüber möchte ich eigentlich gar nicht sprechen …«.
Der schlechteste Sex meines Lebens

> »Und dann hat er zu mir gesagt, ich soll mich umdrehen, damit er sich eine andere vorstellen kann, während er mir's von hinten macht.«
> »Was? Und dann?«
> »Hab ich mich umgedreht. Und er hat dauernd ›Pia‹ gerufen. Nach einer Minute ist er gekommen, hat mir den Arsch getätschelt und gesagt: ›Holste mir 'n Bier?‹«

Es ist ein Irrtum zu glauben, Frauen reden ab einem bestimmten Alkoholpegel hin und wieder über Sex. Völlig falsch. Eine größere Ansammlung von Frauen reden ab einem bestimmten Alkoholpegel *nur noch* über Sex. Und bevor ich jetzt schreibe: »Da könnte ich Geschichten erzählen«, erzähle ich sie einfach. Ich war nämlich mit einer größeren Ansammlung von Frauen unterwegs, und wir haben viel Alkohol getrunken. Und ich darf an dieser Stelle anmerken, dass wir es geschafft haben, aus einer Kneipe mitten auf dem Kiez rauszufliegen (und ich meine eine Kneipe auf dem Kiez, in der auch gerne mal Schlägereien zwischen aggressiven und kampfbereiten Luden stattfinden!), weil wir nicht in der Lage waren, uns leise und angemessen zu unterhalten. Die abgehalfterte Bedienung komplimentierte uns nach mehrmaligen Abmahnungen mit dem Satz »Die Männer haben Angst« raus, und ich muss ihr heute recht geben.

An diesem denkwürdigen Abend brachte ich bewusst das Thema »Der schlechteste Sex, den ich je hatte« zur Sprache und bestellte rasch noch Jubiläumsaquavit zum Bier, um die Zungen zu lockern, was mir auch gelang.

Als Erste war meine Freundin Fanny dran. Fanny ist 48, freiberufliche Lektorin und hat ein ziemlich großes Maul. Sie sieht sehr gut aus, ist schlank, super gebaut, und sie ist top gepflegt. Ich hätte mir nie träumen lassen, dass ihr eine solche Geschichte passieren könnte.

»Ich werde es mein ganzes Leben lang nicht vergessen. Es war 1998 auf der Weihnachtsfeier im Verlag. Er hieß Günther.«

»Er hieß *Günther*?«, schrien wir fragend im Chor. Niemand von uns kannte einen Günther außer Günther Jauch.

»Ja. Günther.« Fanny musste kurz schlucken und sich sammeln, weil die Erinnerung sie doch sehr mitzunehmen schien. »Günther war der Sohn von einem Freund des Verlegers, so ganz krieg ich das jetzt nicht mehr zusammen, weil ich an dem Tag nicht viel gegessen und zu viel Alkohol intus hatte. Ihr kennt das ja.«

Nicken, während wir den Jubi kippten.

»Günther war erst ganz still und verschlossen, und ich dachte irgendwie, es wäre meine Pflicht, mich mit ihm zu unterhalten. Ihr kennt mich ja, ich denke ja immer, ich muss helfen.«

Nicken. Das stimmte. Fanny hatte schon ein Rotkehlchen mit einem gebrochenen Flügel versorgt, sie hatte mehrere Patenkinder irgendwo in Afrika, und sie hatte nie Geld, weil sie immer alles verlieh.

»Günther war vom Aussehen her absolut mein Typ. Groß, dunkelhaarig, breite Schultern. Echt gut. Er hatte einen achtfädigen Kaschmirpullover an.« Sie machte eine Pause. Niemanden von uns interessierte der Pullover. »Das war ein teurer Pullover. Und er trug handgenähte Schuhe. Jedenfalls hat er erzählt, dass sie handgenäht sind.« Sie dachte kurz nach. »Ich weiß noch, dass Iris mich gefragt hat, warum ich die ganze Zeit mit dem reden würde, der sei ja so nervig.«

»Was hat er denn gemacht?«, wollte ich sensationsgeil wissen.

»Gar nichts. Jedenfalls ist mir nichts aufgefallen.« Fanny nahm noch einen Sekt, und ich dachte noch: Es ist nicht gut, wenn wir so viel durcheinander trinken. »Wir hatten total viel gemeinsam. Wir gehen beide gern ins Kino.«

»Was noch?«

»Weiß ich jetzt nicht. Jedenfalls, wie das so ist, war diese Feier irgendwann zu Ende, und ich habe ihn mit nach Hause genommen. Da hätte ich schon was merken müssen.«

Kunstpause.

»Warum, warum?«, schrien wir panisch. »Was denn merken?«

»Er hat mich das Taxi bezahlen lassen, aber die Quittung hat er genommen.«

»Wie frech«, sagte Nicki.

»Und dann sind wir hoch zu mir, und er hat mich gefragt, ob ich Gästehausschuhe habe.«

»Ach, das finde ich aber süß«, sagte ich. Zu einem Günther passte das irgendwie. Und der achtfädige Kaschmirpulli machte ja so einiges wieder wett.

»Hast du welche?«, wollte Bine wissen.

»Natürlich nicht«, sagte Fanny böse. »Sehe ich so aus?«

Das mussten wir verneinen.

»Von da an war er komisch, und mir fiel auf, dass er so gepresst gesprochen hat. Und mit so einer weinerlichen Stimme.«

»Das ist dir vorher nicht aufgefallen?«

»Nein, ich war ja betrunken, und wahrscheinlich war der

kurze Aufenthalt an der frischen Luft die Ursache, dass ich wieder ein bisschen klarer denken konnte. Kann ich bitte noch was zu trinken haben?« In diesem Moment sind wir zum ersten Moment unangenehm aufgefallen, weil wir alle gleichzeitig nach der Bedienung brüllten, um Fannys Wunsch so schnell wie möglich zu erfüllen. Wir wollten ja, dass sie weitererzählte. Die Bedienung nahm böse unsere Bestellung auf, und derweil erzählte Fanny weiter.

»Günther fing an, mich zu umarmen und an mir rumzuschlecken. Dann ...«

»Moment mal«, unterbrach ich sie. »Wo hat er denn geschleckt?«

»In meiner Nase«, sagte Fanny. »Und in den Ohren.«

»In?!?« Ich konnte es nicht fassen.

»Das ist ja ekelhaft«, sagte Barbara. »Oder hast du das gut gefunden?«

»Natürlich nicht. Ich kenne niemanden, der sich gern in der Nase rumschlecken lässt.«

Es stellte sich dann in einer lautstarken Diskussion heraus, dass niemand von uns so jemanden kannte. Offenbar war Günther ein Einzelfall.

»Aber so schlimm finde ich diese Geschichte jetzt auch wieder nicht«, sagte ich enttäuscht. »Ich dachte, es kommt was ganz Schlimmes.«

»Ich bin ja noch nicht fertig!«, rief Fanny. »Ich weiß, dass ihr jetzt gleich sagt, ich hätte ihn einfach rausschmeißen sollen, und das stimmt auch. Aber ihr wisst, wie ich bin. Ich kann das nicht. Ich kann ja noch nicht mal nein sagen, wenn ich weiß, dass die beiden Typen, die für eine Gehörlosenschule sammeln, gar nicht taub sind und das Geld selbst einstecken.«

»Kannst du jetzt einfach mal weitererzählen«, forderten wir.

»Also – er hat geschleckt und geschleckt, und dann hat er gefragt, ob ich Sekt im Haus hätte, was ich hatte. Ich hab die Flasche geholt und dabei schon die ganze Zeit überlegt, wie ich ihn loswerden könnte. Dann haben wir Sekt getrunken, und dann fing er an zu rülpsen. Ich schwöre euch, er hat vierzigmal hintereinander gerülpst und sagte dauernd: Das macht mich so geil. Und da hab ich gewusst, was mich gestört hat.«

»Das Rülpsen!«, schrien wir, und die Luden im Schankraum zuckten zusammen.

»Nein«, sagte Fanny hoheitsvoll. »Wobei ja, das auch. Aber es war die *Sprache*.«

»Er war kein Deutscher?«

»Doch. Aber der Dialekt. Er hat *geschwäbelt*.«

»Wie jetzt? Mach mal vor«, sagten wir sensationslüstern.

»Na, er sagte: ›Woisch, des Rülpsa macht mi voll geil. Beim Maulfurza krieg I glei en Ständer. No isch die Hos ondarum schee eng. Jaaa, no spür I mei Deng, wie's schwer nonderhängt. Magsch mal no lange? Komm, lang no, haja, lang no, schee fescht, schee fescht ...‹ und dazwischen trank er immer wieder Sekt und rülpste. Es war *so schrecklich*.«

Wir konnten gar nichts mehr sagen. Fanny redete sich nun in Rage.

»Die ganze Zeit hat er an mir rumgefummelt und hat gesagt: ›Komm Mädle, I mach dir den Büschtehalder uff, jaaa, des sen aber zwoi schnee ronde Möpsle. Ha, mit denne Möpsle däd I abr glei gern mal spiela.‹«

»O Gott!« Ich hatte eine Gänsehaut bekommen.

»Fanny! Warum hast du ihn denn nicht rausgeschmissen?« Barbara war fassungslos.

Fanny hob beide Hände. »Ich bin eben so *höflich*. Ihr wisst doch, wie ich bin.«

Auch das stimmte. Fanny war eine Frau, die »Tut mir leid«

sagte, wenn jemand sich an der Kasse vordrängelte oder ihr das Portemonnaie stahl.

»Wie ging es weiter?« Ich ahnte etwas, wollte es aber nicht wahrhaben und hoffte gleichzeitig, dass meine Vermutung stimmte.

»Na ja«, sagte Fanny, und es war ihr peinlich. »Ich hab dann die Bällchen rausgeholt. Und dann hat er mit ihnen gespielt und ... es war so entsetzlich ... hab ich mit ihm geschlafen.«

»Wenn du ja wenigstens wirklich nur *geschlafen* hättest«, sagte Elli entsetzt. »Aber du hattest *Sex* mit ihm!«

Fanny nickte fast schuldbewusst. »Dauernd hat er gesagt: ›Komm Mädle, jetzt drähsch di vor mir. I will fiega sehe, was du hosch.‹ Und ich hab's gemacht, fragt mich bitte nicht, warum.«

»Wir wissen ja, wie du bist«, sagte Miriam. Ich konnte gar nichts mehr sagen.

»Dann hat er mich zum Bett gezogen und gerufen: ›Ond jetzat wirsch mal seha, was en guadr Fick isch. Dr Günni zeigt dr's. Knia di nonder, Mädle, nonder mit dir, no wirsch die Engele em Himmel singa hera. Jaaa, Mädle, so ischs guad, jaaa!‹« Sie starrte auf den Tisch.

»JA UND WEITER???«

»Ich glaube, ich kann es nicht erzählen«, flüsterte sie.

Wir boten ihr Geld und Organe, und dann redete sie doch weiter.

»Ich hab gesagt: ›Du bist doch noch gar nicht drin‹, aber in diesem Moment hat er auch schon gebrüllt: ›JETZETLEEEE! *JETZETLEEE!*‹«

Die gesichtsvernarbten und tätowierten Zuhälter am Tresen räusperten sich verlegen. Ich kippte erst Jubi, dann mit meinem Barhocker nach hinten um und knallte gegen die Wand, was aber niemanden interessierte.

»Günther hatte abgespritzt, *ohne* in mir drin zu sein.« Fanny sah uns der Reihe nach an. »Ich sagte: Was war das denn? Und er sagte: ›Woisch, Mädle, was I ned mog? Wenn'ra Frau en Orgasmus hot. I muss abspritza kenna, woisch, net die Frau! Des isch wichtig. Tätsch m'r no en Kaffee macha?‹«

Wir schwiegen.

»Und dann sagte er ...« Ich schloss die Augen, weil ich nicht *glauben* konnte, dass jetzt noch was kam.

»Er sagte: ›Mädle, nemm mer's net perseenlich, aber I han weißgott scho bessre Weibr em Bett gsäe wie di.‹ Na ja.« Fanny trank ihr Bierglas aus. »Ich hab nichts gesagt. Ihr wisst ja, wie ich bin.«

Wir bestellten die hundertste Runde, fingen an, Fanny lautstark zu trösten, Fäkalworte fielen zuhauf, die Zuhälter glotzten, und Miriam ging zu einem und wollte ihm aufs Maul hauen, weil sie sich belästigt fühlte – und das Ende vom Lied war, ich erwähnte es schon, dass wir hochkant aus der Kiezkneipe rausflogen.

Wenigstens haben wir seitdem einen Running Gag. Und das Schönste war, dass wir alle zusammen einmal eine Party besuchten, auf der auch Günther war. Wir brüllten geschätzte tausendmal »Jetzetle!«, sobald er vorbeiging. Günther wurde damals jedes Mal knallrot, was wir natürlich nicht beabsichtigt hatten. Viel schöner wäre es gewesen, wenn er einen Schlaganfall bekommen hätte.

Ja, es liest sich gruselig, ist aber leider wahr. Das Folgende im Übrigen auch. Nennen wir die Geschichte doch aus gegebenem Anlass einfach mal:

Pumakäfig

»Soll ich dir mal was ganz Schlimmes erzählen?«, fragte mich Nina, während wir auf einem der Hamburger Weihnachtsmärkte standen und unsere Kartoffelpuffer mit Apfelmus aßen.

»Nicht, wenn es um deinen exhibitionistischen Nachbarn oder deinen Reifenwechsel bei Regen geht«, sagte ich. »Denn diese beiden Geschichten kann ich auswendig mitsprechen.«

»Gott, der Reifenwechsel«, erinnerte sich Nina. »Das war ein Wetter! Und ich ...«

»Nina!«

»Schon gut. Also. Es ist schon ein bisschen her, und eigentlich wollte ich es nie jemandem sagen, aber jetzt, also weil du ja das Buch da schreibst und es um schlechten Sex geht, da dachte ich, ich kann sie doch mal erzählen, die Geschichte.«

Sofort wurde ich hellhörig. Und natürlich neugierig. »Schieß los!«

Und Nina erzählte, während wir dastanden, unsere Füße immer kälter und die Leute immer geselliger wurden.

»Ich hab ihn über Facebook kennengelernt. Wir haben beide irgendwas geliked, dann hat er mir eine Freundschaftsanfrage geschickt. Ich dachte erst, er sei jemand anderes, weil der Name so ähnlich klang, also hab ich die Anfrage bestätigt, und dann hat er mir eine Nachricht geschickt, mein Foto sei ja süß und ich solle von mir erzählen und so weiter. Ich hatte damals so einen Zirkus mit Martin, und deswegen war ich wohl ziemlich offen. Er heißt Ingo. Und dann haben wir angefangen, wie blöd zu chatten. Jeden Tag und manchmal die halbe Nacht.«

»*Jeden Tag?* Du musstest doch arbeiten?«

»Ich hatte da Urlaub. Eigentlich wollten Martin und ich ja nach Lanzarote. Aber er hatte Bereitschaftsdienst.«

Martin ist Arzt und will Karriere machen, der Job ist ihm

wichtiger als alles andere. Zwischen den beiden hatte es eine Zeitlang gekriselt, aber jetzt war alles wieder gut. Ich hatte nicht gewusst, dass Nina in dieser Zeit einen Flirt gehabt hatte oder sogar mehr. Eigentlich lebte sie nur für ihren Job. Sie hat eine Veranstaltungsagentur, die extrem erfolgreich läuft, und hat viele Auszeichnungen bekommen, worauf sie sich nichts einbildet, aber stolz darauf sein kann, wie ich finde.

»Es wurde immer und immer und immer heftiger«, erzählte Nina weiter. »Ich konnte kaum noch schlafen. Ich war richtig *süchtig*. Eigentlich kann ich diese Leute mit den Smartphones nicht ausstehen. Dauernd sieht man nur gesenkte Köpfe, und ständig bleiben diese Menschen abrupt stehen, und man läuft gegen sie. Aber soll ich dir was sagen? Ich wurde genauso. Ich hatte nur noch das iPhone in der Hand und habe drauf rumgetippt. Voll asozial. Nur um mir die Nachrichten von ihm durchzulesen und selbst welche zu verfassen. Es wurde immer schlimmer, immer, immer schlimmer.«

»Ja, was wurde denn immer schlimmer und immer schlimmer?« Was war denn an Nachrichten *so* schlimm?

»O Gott, du glaubst nicht, was ich alles geschrieben habe«, sagte Nina. »Es ging natürlich irgendwann um Sex, und wir haben uns gegenseitig heißgemacht. Was wir alles anstellen würden, wenn wir uns endlich sehen. So was hatte ich vorher noch nie. Er hat mich so geil gemacht. Er hat geschrieben, wie er mich vorm Spiegel vögelt und was er dabei sagen wird. So was eben.«

»Was wollte er denn dabei sagen?«

»Dass ich eine geile Schlampe sei, der man richtig einen verputzen muss und so.«

»Aha. Und das fandst du gut?«

»Ja«, musste Nina, die Alice Schwarzer gut findet und die »Emma« im Abo hat, zugeben.

»Aha. Und dann?«

»Er sagte, es würde ihn scharfmachen, wenn ich mir nuttige Outfits bestelle …«

»… was du dann auch getan hast.«

»Ja. Ich musste sie natürlich verstecken, damit Martin sie nicht sieht. Er hätte sofort was geahnt.«

Unbestritten hätte er das getan. Nina war bisher nicht auch nur ansatzweise auf die Idee gekommen, sich schwarze Unterwäsche oder so zu kaufen. Sie trägt *immer* Baumwollunterwäsche. Na ja, fast immer, wie ich jetzt erfuhr.

»Jedenfalls hat mich das alles angemacht ohne Ende, und natürlich wollten wir uns dann auch treffen. Er hatte mir Fotos geschickt, ich sag's dir, er sah sooo gut aus. Schlank, aber nicht zu dünn, gut durchtrainiert, ein richtig guter Typ eben. Und er kam voll viel rum, er war freiberuflicher Layouter und hatte überall Riesenaufträge. Er hat dann vorgeschlagen, dass wir uns in Hannover treffen, weil er da zu tun hatte.«

»Warte mal«, sagte ich. »Hatte er zu der Zeit eine Beziehung, oder ist er verheiratet?«

»Nein. Single. Also bin ich nach Hannover gefahren. Ich hab Martin gesagt, ich hätte da einen Kunden. Das ist ja nichts Außergewöhnliches. Das war ganz praktisch, so konnte ich Martin die Nummer vom Hotel geben, damit er nicht misstrauisch wird. Ich hatte ein sehr schönes gebucht.«

»Wieso bist du nicht zu ihm aufs Zimmer?«

»Ja, das war auch so was. Ingo konnte sich für kein Hotel entscheiden und hat mich gebeten, eins zu buchen, er sei so unschlüssig, hat er gesagt.«

Der Klassiker. Super.

»Ich hab dann ein Hotel direkt am Maschsee gebucht, ein total schönes Zimmer. Eigentlich eine Suite. Und ich hatte die Dessous dabei.«

»Das *Nutten-Outfit*«, korrigierte ich Nina, die rot wurde. »Klamotten für die *Schlampe*«, sagte ich noch und lächelte sie freundschaftlich und liebevoll an. Sie mich nicht.

»Tja, dann haben wir uns abends im Restaurant zum ersten Mal gesehen. Ich hab in der Bar gewartet, er kam später an. Ich hatte dieses tolle grüne Samtkleid an, das mir so gut steht.«

»Du meinst das, das Martin dir geschenkt hat?«

Sie wurde wieder rot. Ich beschloss, nicht mehr zu sticheln, obwohl es mir schwerfiel.

»Ja. Sei nicht so fies. Ich saß da, hatte einen Cocktail vor mir, und dann kam er rein. Er sah ganz anders aus als auf den Fotos.«

»Wie denn?«

»Erstens: Er war *viel* dicker. Zweitens: Er hatte eine Brille. Drittens: Er hatte eine beginnende Glatze. Viertens: Er trug so Gesundheitsschuhe. Weißt du, solche, die alte Männer anhaben, die auch Bauchtaschen und Westen tragen.«

»Ach du liebe Zeit.«

»Er passte überhaupt nicht in diese Bar und in dieses Hotel. Eigentlich sah er aus wie ein Vertreter für Schnürsenkel oder schlammfarbene Auslegware.«

»Und dann? Wie bist du aus der Nummer rausgekommen?«

»Erst mal der übliche Smalltalk. Wie war die Fahrt, bla, bla, ja, das Wetter, bla, bla. Er redete ganz nett, aber das war's auch schon. Es war jetzt nicht so, dass ich dachte: WOW! Was für ein geiler Typ! Eigentlich war es ziemlich langweilig.«

»Warum bist du denn nicht *gegangen*?«

»Das wäre total unhöflich gewesen. Außerdem hatte ich einen Tisch reserviert. Wir haben dann gegessen. Tja, was soll ich sagen, es war noch langweiliger.«

»Und dann?«

»Hat er mich irgendwann angeschaut und gesagt: ›Tut mir leid, Nina, aber du machst mich überhaupt nicht an. Ich hätte mir mehr versprochen. Ich hab eine attraktive Frau erwartet. Ist ja nicht schlimm, kannst ja nichts dafür, aber ich bin eben andere Kaliber gewohnt. Durch meinen Job treffe ich die heißesten Frauen.‹«

Jetzt war ich fassungslos. Nina sah sehr gut aus. Sie war zwar fast fünfzig, und ich kannte Frauen, die mit fast fünfzig wie fast sechzig aussahen, Nina aber sah wie höchstens vierzig aus. Und zwar überall. Eine Frechheit von diesem Mann. Ganz ehrlich, ich konnte nichts erwidern.

»Tja. Das war der Abend. Er ist gegangen, und ich bin im Hotel geblieben und hab dann später im Zimmer auf diesem riesengroßen Bett gelegen und eine Dokumentation über eine Wanderdüne geschaut. Insgesamt war es ein sehr teures Wochenende.«

»Was für eine üble Geschichte. Sei froh, dass du diesen Schwachkopf los bist«, tröstete ich sie und fragte mich, wie es überhaupt möglich sein konnte, in eine solche Situation zu geraten. Ein fetter Typ mit Brille, Glatze und Gesundheitsschuhen, der dann auch noch sagte, er sei andere Kaliber gewohnt. Also so was.

»Ja, das dachte ich auch.« Nina zog ihren Schal fester um den Hals. Wir standen ja nun schon recht lange hier auf diesem Weihnachtsmarkt, und es war sehr fußkalt.

»Dann bin ich heimgefahren und hatte die Sache abgehakt, hörte auch nichts mehr von ihm ...«

»... und hast ihn hoffentlich als Freund bei Facebook entfernt.«

»Nein, das nicht. Leider. Denn nach ein paar Tagen hat er mich wieder angeschrieben.«

»Ach. Und du hast ihm hoffentlich ...«

»Hör doch jetzt mal auf mit diesem vorwurfsvollen *hoffentlich*«, sagte Nina giftig. »Nein, ich hab ihm nicht erklärt, dass er in der Hölle schmoren wird. Ich war gekränkt von diesem Abend und wollte ihm beweisen, dass ich eine Hammerfrau bin.«

»Was du ja auch bist.« Sie konnte sich nicht beschweren. Ich hatte nicht »hoffentlich« gesagt.

»Dann ging es wieder los mit Chats und so. Wieder voll auf der Sexschiene. Wir haben nächtelang Sexphantasien ausgetauscht, und mich hat das ganz wuschig gemacht. Er schrieb, wie er es mag, von hinten, vorm Spiegel, unter der Dusche, im Parkhaus, ach, alles. Und irgendwann meinte er, er würde mir noch eine Chance geben.«

Ich wurde langsam sauer auf den Kerl. Was bildete er sich eigentlich ein?

»Himmel nochmal. Wie demütigend! Ehrlich gesagt, verstehe ich absolut und überhaupt nicht, warum du dich noch mal auf ihn ...«

»Ja, ja, nun hör schon auf. Ich hab doch schon gesagt, warum. Jedenfalls hab ich über einen Bekannten Ehrenkarten für die Salzburger Festspiele bekommen.«

»Ja und?« Was hatte das denn damit zu tun?

»Er hat mal gesagt, dass er unglaublich gern mal nach Salzburg will, aber die guten Plätze sind so teuer, und man kommt schlecht an Karten und überhaupt. Na ja, das hab ich ihm geschrieben, weil ich dachte, er sagt und denkt jetzt: Wow, hat die super Kontakte, was für eine tolle Frau. Aber er hat nur gesagt, er *denkt drüber nach*. Ein paar Tage später hat er dann gemailt, er könne es einrichten. Und ich hab mich wieder ums Hotel gekümmert. Wir waren vier Tage da. Weißt du, wie teuer Hotels zur Festspielzeit sind?«

»Sehr teuer.«

»Ja. Ich hab mich ausstaffiert wie eine Nutte«, erzählte Nina weiter. »Hab vorher noch alles Mögliche bestellt: Korsagen, Nylons, was weiß ich. Zwei echt tolle Kleider für die Festspiele, weißt du, so mit Busen hoch. Und er hat es noch nicht mal gemerkt. Wir sind zu den Festspielen gegangen, wir sind ausgegangen, ganz fein essen und guter Wein, und ich hab ein paar Leute getroffen, die ich kannte, und sah wirklich gut aus, und ich dachte, er muss das doch toll finden, auch dass ich hier Leute kenne, die sich freuen, mich zu sehen, und überhaupt die Festspiele«, redete sie nun ohne Punkt und Komma. »Nichts. Kein ›Danke‹, kein ›O wie ist das toll‹. Abends im Hotel, wenn ich mich ausgezogen hab, hat er nicht einmal Anstalten gemacht, mich zu küssen, er hat mich nicht angefasst, nichts. Immer so eine Vorwurfshaltung, weißt du. Und ich dachte im Vorfeld, also als wir noch gechattet hatten, jetzt wird es richtig geil hier in Salzburg. Nichts. Ich hab sogar so 'ne Art Striptease vor ihm gemacht, er hockte nur da und sagte nichts und aß Nüsschen aus der Minibar. Er hat übrigens überhaupt keine Tischmanieren, das ist mir beim Essengehen aufgefallen, aber erst im Nachhinein.«

Mich interessierten keine Tischmanieren. »Du hast mit deinen Riesenmöpsen vor dem Typen rumgewackelt, und er hat nur *dagehockt*?«

»Ja. Oh, ich kam mir so gedemütigt vor. Ich sah echt gut aus, war vorher natürlich bei der Kosmetikerin gewesen, Maniküre, Pediküre, Waxing. Und weißt du was? Wir sind nach vier Tagen abgefahren, ohne dass was passiert ist.« Nina atmete keuchend ein und aus.

Ich sagte gar nichts mehr, weil alles, was ich jetzt noch gesagt hätte, zu einer Eskalation auf dem Weihnachtsmarkt geführt hätte.

Nina redete weiter, und ich hörte fassungslos zu. Sogar danach hat sie ihm nicht klargemacht, dass er sich ein für alle Mal verpissen soll. Nein. Ein paar Wochen war Funkstille, dann ging es wieder los. Sie hatte aus verletztem Stolz wieder die Initiative ergriffen, er aber meinte, eine Beziehung oder so käme für ihn nicht in Frage.

»Ja, was wollte er denn dann überhaupt von dir?«

»Er fragte, ob ich nach Frankfurt kommen könne. An einem bestimmten Tag. Nur dann wäre er da, weil er sich da mit irgendwelchen Kollegen treffen müsse. Und ich bin hingefahren, hab mich wieder gestylt wie sonst was und so. Und dann, ich konnte es nicht fassen – kaum kam ich in diesem Hotelzimmer an und bin da rein, zerrte er mich aufs Bett und fing an, total widerlich an mir rumzufummeln. Zwischen den Beinen, am Busen, dann hat er mir die Zunge in den Mund gesteckt, als ob er was damit suchen würde. Es war furchtbar.«

Mittlerweile standen Leute am Nebentisch und hörten uns zu, was mir aber egal war. Ich wollte unbedingt hören, was dann passiert war.

»Ganz ehrlich, er hat mich behandelt wie eine Nutte. ›Leg dich hin‹ und so. Wir haben uns dann aufs Bett gelegt, und ich war völlig überfordert. Dann holte er seinen Schwanz raus, und ich habe fast einen Herzschlag bekommen.«

»So groß?«

»So *lang* und *dünn*. Das war kein Schwanz, sondern ein Regenwurm!«

Die Leute räusperten sich und pusteten in ihre Glühweintassen.

»Das ist ja eklig«, sagte ich angewidert und musste mir den Wurmschwanz vorstellen. Irks.

»Ich hab den Schwanz dann angefasst, und es war nicht schön. Gar nicht. Er stöhnte rum und sagte ›Mach weiter, mach weiter.‹ Irgendwann hab ich gesagt, ›Entschuldige, aber ich würde auch gern was davon haben.‹ Und er sagte: ›Nö, da hab ich jetzt keine Lust drauf.‹«

Mittlerweile hatte ich nicht mehr die Kraft, zu sprechen. Was hätte ich auch sagen sollen?

»Ich hab dann angefangen, es mir selbst zu machen«, erzählte Nina weiter, und ich konnte sie innerlich nur zu diesem Entschluss beglückwünschen. Vielleicht hätte sie ihm vorher noch den Schädel einschlagen sollen. »Und er sagte: Eigentlich könntest du mir jetzt mal einen blasen. Tja.«

»Schön hier«, waren die Leute neben uns sich einig. »Aber kalt.« Sie rückten ein Stück näher zu uns, wir standen unter einer Markise.

»Kaum hab ich angefangen, ist er gekommen. Es hat keine drei Sekunden gedauert.«

Ich wollte es mir unter gar keinen Umständen vorstellen. Das war ja schlimmer als eine Flucht aus dem Pommernland.

»Ich lag da wie gelähmt.« Nina sprach jetzt leiser. Die Leute kamen näher. »Da drehte er sich zu mir um und fummelte mir zwischen den Beinen rum und sagte: ›Dann komm du halt auch.‹ Und ein paar Sekunden später war er eingeschlafen.« Traurig starrte sie auf den Tisch.

»Und dann?« Wir zuckten zusammen und drehten uns um. Eine Frau schaute uns erwartungsvoll an. Ich konnte sie verstehen. Nina schien das auch gar nicht schlimm zu finden.

»Er hat die ganze Nacht geschnarcht, und ich hab kein Auge zugetan. Am nächsten Morgen stand er um sieben auf, ging aufs Klo, dann sagte er, er würde im Hotelschwimmbad eine Runde schwimmen. Ich lag also im Bett, und eine halbe Stunde später kommt er wieder ins Zimmer. Ich dachte, jetzt bin ich vielleicht mal dran. Er blieb stehen, schnüffelte und sagte dann angewidert: ›Hier stinkt's ja wie im Pumakäfig.‹«

»Ich halte das nicht mehr aus«, sagte ich. »Hör auf zu reden, sonst knall ich dir eine.«

»Nein, nein«, sagte die Frau. »Nicht aufhören.«

»Dann fragte ich, ob wir frühstücken, aber er sagte, er frühstücke nie. Es war ihm ganz egal, was ich will. Er sagte aber, es sei ja fast schon Zeit zum Mittagessen. Ich könnte ihn ja zum Abschluss des Treffens einladen.«

»Klar. Natürlich. Dieses wunderbare Treffen musste gefeiert werden.«

»Dann gingen wir in ein Restaurant, und er hat die Kellnerin von oben herab behandelt, hat gegessen wie ein Schwein. Es gab ein Mittagsbüfett, und er hat sich den Teller so vollgeladen, dass alles runtergefallen ist. Und er hat mit den Fingern gegessen. Und geschmatzt.«

War es möglich, dass sie immer noch einen draufsetzen konnte?

»Die Leute haben schon geguckt«, sagte Nina.

»Sie gucken hier auch«, sagte ich, während die Leute beschämt zur Seite blickten.

»Sie tun mir entsetzlich leid«, sagte die fremde Frau.

»Ich mir auch«, sagte Nina. »Ich wollte nur noch nach Hause, das war alles so demütigend. Ihr könnt euch nicht vorstellen, wie grauenhaft er sich benommen hat.«

»Und du hattest ihn eingeladen!«

»Das war der krönende Abschluss.« Nina holte tief Luft. »Irgendwann kam eine Kellnerin und hat uns gebeten zu gehen, weil die übrigen Gäste sich vor ihm geekelt haben. Ich wollte bezahlen, aber sie meinte, das ginge aufs Haus, wir sollten einfach nur gehen.«

»Wenigstens haben Sie Geld gespart«, sagte die fremde Frau.

»Tja, und draußen hat er dann zu mir gesagt, dass es das

war und er mit so einer einfach gestrickten Frau wie mir nicht klarkäme. Ich würde ihn auch gar nicht erregen und überhaupt. Er hat mich richtig niedergemacht. Und meinen Job.«

»Aber warum?« Ich verstand es einfach nicht.

»Das wusste ich damals auch nicht. Aber dann habe ich – lustigerweise auch über Facebook – eine Ex von ihm kennengelernt, und die hatte er ganz genauso behandelt. Erstens mal hatte er massive Erektionsstörungen und kriegt ganz selten einen hoch, und zweitens ist er gar kein begnadeter Layouter mit ein paar schrulligen Eigenschaften wie Gesundheitsschuhen und schlechten Tischmanieren, sondern ein ganz miserabler, der überhaupt keine Aufträge mehr kriegt. Deswegen macht er Frauen gern nieder. Und er hat so eine bestimmte Art, dass sie sich zum Affen machen, weil sie ihm was beweisen wollen.«

»Das ist jetzt zwar Küchentischpsychologie, aber es könnte was Wahres dran sein«, war meine Meinung.

»So ein Arschloch«, sagte die Frau, und die anderen Weihnachtsmarktgäste murmelten zustimmend. Die Worte »foltern« und »er muss brennen« fielen.

»Ich hab mich zum Affen gemacht, und daraus hab ich gelernt. Das war also der schlechteste Sex meines Lebens. Das passiert mir nicht noch mal.«

Sie strahlte. Wir tranken dann weiter Glühwein, beobachteten die Leute und fühlten uns sehr wohl. Die Frau und die anderen Leute waren weitergezogen. Ohne Horrorgeschichten waren wir wohl langweilig. Und irgendwann beschlossen wir zu gehen.

»Ich bin froh, dass ich Martin habe«, resümierte Nina irgendwann, während ich durch die Erdgeschossfenster blickte. In Hamburg hat ja kaum jemand Vorhänge, und wenn abends die Lichter angehen, kann man wunderbar in die Wohnungen schauen. »Ich weiß nun, was ich an ihm habe.« Ihr iPhone fiepte, und sie holte es aus der Tasche.

»Oh.« Trotz der Dunkelheit konnte ich sehen, dass sie rot wurde.

»Wer ist es? Martin?«

»Nein. Ein total süßer Typ, den ich bei Facebook in so einer total witzigen Gruppe getroffen habe. ›Ausgestorbene Worte‹. Er hat ›holde Maid‹ gepostet, und ich habe ›gefällt mir‹ geklickt. So kamen wir ins Gespräch.«

»Ach du Scheiße«, sagte ich. »Lass mich raten. Ihr habt schon gechattet, und es ist ganz toll.«

Nina nickte. »Ja, aber ganz anders als mit diesem Ingo.«

»Wie denn?«

»Na, Christof redet nicht lang um den heißen Brei herum, sondern Tacheles. Hihi. Auch so vom Aussterben bedrohte Worte.«

»Ja und?«

»Und er hat mich frei von der Leber weg gefragt, ob ich ihm Geld leihen kann.«

Nun hatte ich genug. Ich blieb einfach stehen, während Nina weiterlief, ohne zu bemerken, dass sie alleine war.

»Er zahlt es in Raten zurück«, hörte ich dann noch. »Aber einen Vertrag will er nicht machen, das findet er spießig. Und wir wollen ganz bald ...«

So kann's gehen. Es kann aber auch ganz anders gehen. Hier kommt die Geschichte von Erik, er ist 38 Jahre alt und Architekt, und sie ist recht außergewöhnlich, wie Sie vielleicht feststellen werden. Lassen wir ihn erzählen:

»Ich habe Sandra an einem Taxistand kennengelernt. Ich wollte ihr den Vortritt lassen.«

Ich forderte ihn durch mehrfaches Nicken dazu auf, weiterzusprechen. Draußen schneite es, es war eiskalt, wir saßen in meiner Wohnung und tranken Kaffee.

»Sie sagte, sie könne warten, dann sagte ich, ich könne auch warten, und dann ist der Taxifahrer sauer geworden und weggefahren, weil keiner von uns bei ihm eingestiegen ist. Ich fragte sie spontan, ob sie mit mir was trinken geht, und sie sagte ja. Es war der Hammer. Kaum saßen wir in der Kneipe, kam sie zur Sache. Sie fragte mich, auf was ich so stehe und ob ich auch auf *sehr* außergewöhnliche Dinge stehe. Das hat mich total angemacht, obwohl ich nicht wusste, was sie genau damit meinte. Ganz ehrlich, ich war hin und weg. Allein diese Monstertitten! Irgendwann sind wir gegangen und haben auf der Straße schon angefangen, wie blöde zu knutschen.«

»Hört sich perfekt an.«

»Ja. Sehr perfekt. Sie stellte dann noch nicht mal die übliche Zu-dir-oder-zu-mir-Frage, sondern hat ein Taxi angehalten und ihre Adresse genannt. Und sich zu mir umgedreht und gesagt: »Ich hab 'nen Spiegel überm Bett.««

Wow.

»Ich hab ihr auch erzählt, was ich beruflich mache. Sie war total interessiert, hat aber nicht einmal gefragt, was ich verdiene. Das fand ich klasse.«

Erik verdient sehr gut, und das hatten manche Frauen ziemlich ausgenutzt. Deswegen war er sehr vorsichtig geworden. Sein Problem ist, dass er nicht besonders gut aussieht, jedenfalls nicht im klassischen Sinn. Seine Augen stehen zu eng beieinander, die Nase ist ein bisschen schief und die Lippen sehr schmal. Sein Kopf ist sehr rund. Und immer erst, wenn die Sprache auf den Beruf und den Verdienst kam, waren Frauen bisher interessiert. Und wer sich ein bisschen auskannte, sah schon, dass Erik handgenähte Schuhe trug, maßgeschneiderte Mäntel und eine Jaeger-LeCoultre-Uhr, die ungefähr so viel kostete wie ein ziemlich guter Mittelklasseneuwagen. Erik ist der gutherzigste Mensch, den ich kenne. Er gehört zu denen, die man nachts aus dem Gefängnis anrufen und um einen hohen Kautionsbetrag bitten kann. Erik wird keine Fragen stellen, sondern am nächsten Morgen um Punkt neun auf der Matte stehen. Mit Bargeld oder einer Bürgschaft in der Tasche.

»Deswegen war ich bei Sandra so gutgläubig«, erzählt Erik nun weiter und kuschelte sich tiefer in meine Couch. »Sie hat ja nichts gefordert.«

»Und dann?«

»Das Übliche.« Er stockte. »Es ist so peinlich. Immerhin bist du eine Frau.«

»Ach was«, sagte ich. »Sieh mich als Neutrum. Als ein geschlechtsloses Wesen. Ohne Gefühl. Aus Holz. Sieh mich als ... als Beichtstuhl.«

»Gut. Wir sind also zu ihr. Da hätte ich schon stutzig werden müssen. Sie wohnt auf dem Kiez. Also nicht direkt auf der Reeperbahn, sondern in einer Nebenstraße.«

»Das ist doch nicht schlimm.«

»Sie sah halt nicht so aus, sie sah eher aus, als würde sie in Pöseldorf wohnen. Edler eben.«

»Na ja, also ...« Das fand ich ziemlich nebensächlich.

»Irgendwas war jedenfalls komisch. Da wusste ich aber noch nicht, was. Dann also Rotwein, Musik, gedimmtes Licht, das Übliche«, fing Erik wieder an. »Wir haben weitergeknutscht und sie wollte detailliert wissen, auf was ich so stehe. Dann wollte sie wissen, warum ich auf welche wie sie stehe.«

»Und?«

»Ich hab gesagt, dass ich ihre Dinger gut finde und die Figur, und sie hat an mir rumgefummelt und gesagt, ich würde sie total heiß machen. Dann wieder geknutscht und so, und wir haben uns gegenseitig ausgezogen und sind dann in ihr Schlafzimmer. Oder sind wir erst ins Schlafzimmer und haben uns dann ausgezogen? Das weiß ich jetzt gar nicht mehr so genau. Ich glaube, es war so, dass ...«

»Erik. Das ist völlig unwichtig.«

»Du hast recht.« Er schaute traurig aus dem Fenster. Eisblumen hatten sich gebildet. Es sah sehr schön aus.

»Ach, ich will gar nicht mehr drüber reden«, sagte Erik dann, und ich bekam Panik und versuchte, ruhig zu bleiben. Zum Glück brachte ich ihn letztendlich dazu, doch weiterzuerzählen. »Dann waren wir im Schlafzimmer. Sie hat wirklich einen großen Spiegel überm Bett. Das hat mich scharf gemacht. Im Schlafzimmer war's auch ziemlich gedimmt von der Beleuchtung her.«

»Was hast du eigentlich dauernd mit dem Licht?«

»Warte doch. Sandra kniete sich hin und fing an, mir einen zu blasen. Und das machte sie ganz hervorragend. Dann drehte sie sich um, zog ihren Slip aus, kniete sich aufs Bett und sagte, ich solle es ihr besorgen. Was ich dann auch tat. Sie war ...« Er wurde knallrot. »Sie war sehr eng gebaut.«

Ich verstand nicht, was jetzt daran schlechter Sex sein sollte, ich verstand es wirklich nicht.

»Es ging eine Weile so, und dann hat sie sich umgedreht. Ja. Umgedreht. Und sie hat gesagt, sie hat gesagt ...«

Und da wusste ich es plötzlich und riss die Augen auf.

»Sie sagte: ›Blas mir doch mal einen. Das findest du doch bestimmt auch geil.‹« Erik atmete hörbar aus.

»O mein Gott. Du bist an eine Transe geraten!«

»An eine Transsexuelle, ja. Mir ist so schlecht geworden, das kannst du dir nicht vorstellen.«

»Doch.«

»Ich bin aufgestanden und hab mich angezogen, wie in Watte gepackt hab ich mich gefühlt. Und Sandra fragte dauernd, was denn los sei, es wäre doch alles klar. Ich sagte, nichts sei klar. Sie meinte, sie hätte mich doch gefragt, ob ich auf andre Dinge stehe, ja herrje, aber doch nicht auf *so* was. Wirklich nicht. Aber das Schlimmste war, dass sie auch noch 200 Euro haben wollte.«

»Ui. Aber du warst doch gar nicht so lange da.«

»Die Zeit im Restaurant und so. Ich hab ihr das Geld gegeben. Zum Glück hatte ich so viel Bares dabei. Normalerweise sagen die Damen einem doch vorher, was man wofür bezahlen soll. Hätte sie das getan, wäre es nie so weit gekommen.«

»Vielleicht weil es keine Dame war?«, überlegte ich.

Erik rieb sich die Augen. »Ja, jetzt kennst du die Geschichte. Ich hatte Analsex mit einer Transe und dachte, ich hätte geilen Sex mit einer Frau. Das war schrecklich. Nie wieder wird mir was Schlimmeres passieren.«

»Du weißt nicht, was noch kommt«, sagte ich fröhlich. »Am besten, du kaufst dir eine Gummipuppe, da weißt du sicher, was du hast.«

»Du wirst lachen«, sagte Erik bitter. »Genau das habe ich gemacht. Und leider habe ich zu spät gemerkt, dass es sich um ein Modell handelte, das Sandra heißt.«

Er stand auf. »Ich könnte jetzt einen Cognac vertragen.«

Wir schauten dann zusammen »Die Mädels vom Immenhof«. Erik brauchte etwas fürs Herz. Ich wollte erst heimlich »Alarm im Transendarm« einlegen, den Film hatte ich noch von der Recherche. Aber dann hab ich es doch gelassen, und wir haben die Lieder vom Immenhof mitgesungen.

Es war ein schöner Tag.

16. Anzeigenannahme

Fast Schluss jetzt, nur noch ein paar Anzeigen, die ich im Internet gefunden habe. In diesem Buch sind diese Vorlieben größtenteils nicht thematisiert, aber vielleicht im nächsten …

- Er, 25, sucht Frau, gern älter und fett, die bügelt, während er masturbiert.
- Er, 58, und sie, 52, suchen Paar, das sich auf unserem Hof im Allgäu im Schweinestall halten lässt. Stall ist beheizt. Futter aus eigenem Biobetrieb.
- Extrem versauter, herrischer LKW-Fahrer, 2,09 groß, 56, Raucher mit Wampe, sehr behaart, sehr sympathisch und gutaussehend, sucht eine devote, zeigegeile Frau. Sie sollte pervers, versaut und mollig ab 90 kg sein, ehrlich, sympathisch und zuverlässig, bitte mit großer OW und einer guten Allgemeinbildung, weil ich auch gern mal gute Gespräche führe. Arbeitslos oder Rentnerin kein Problem. Keine unterdrückten Rufnummern! Ich rufe nicht zurück, da keine Flatrate.
- Macht es dich geil, Männern Geld zu geben? Mich macht es geil, von Frauen Geld zu bekommen.
- Mein Schwanz muss aufgepumpt werden. Hilfst du mir dabei?
- Wir sind ein nettes und aufgeschlossenes Paar in den Fünfzigern, wohnen im Sauerland und suchen ein gleichgesinntes Paar für gemeinsame Stunden im Swingerclub. Alles kann, nichts muss. Wir haben aber keinen Führerschein und sind

auch sonst finanziell nicht so reich. Es müsste also jemand fahren und den Eintritt bezahlen. Dafür Geilheit garantiert!
- Ich möchte für dich bei Hitze putzen und dabei ganz viel Polyester tragen.
- Suche Frau, die ich nachts auf einem Parkplatz treffe. Da will ich sie im Schlamm nehmen (deswegen bitte nur an Regentagen).

Dank

Danke an:

- Arne Hoffmann, der mir vieles über SM und »Shades of Grey« erklärt hat. Sein Buch »Fessle mich« ist im mvg Verlag erschienen, hat 208 Seiten und kostet 15 Euro. Mehr Infos über den Autor unter www.arnehoffmann.com.
- Dr. Axel-Jürg Potempa. Sie haben mich in die Tiefen des menschlichen Körpers schauen lassen. Wer noch mehr wissen will, sollte sich »Was Sie besser nicht über Sex wissen sollten« zulegen. Riva Verlag, 15 Euro.
- die ganzen Leute, mit denen ich für dieses Buch telefoniert, gechattet und mich getroffen habe. Ich nenne sie jetzt nicht alle namentlich, aber wenn ich jemanden vergessen habe, tut es mir leid! Ach doch, Lady Saphira muss ich erwähnen. Der Kirschkuchen war so lecker!
- Karin Herber-Schlapp. Was lange währt und so … Du weißt schon!
- meinen netten Paketboten, der nur am Anfang komisch geguckt hat, als er mir die Pakete aus Flensburg brachte. Nach dem zehnten schaute er ganz normal.
- Dr. Bettina Hennig, weil sie einfach da war.

Und noch was: In diesem Buch ist alles wahr, auch wenn ich es selbst manchmal nicht wahrhaben wollte. Übertreibungen sind allerdings möglich und gehen allein auf meine Kappe.